同志社大学ヒューマン・セキュリティ研究センター公開講座の記録

不安社会のアナトミー

庭田茂吉 編著

萌書房

目次

少し長い序――架空の公開講座

現代社会の誕生、あるいは新しい貧困について……庭田　茂吉……5
――ベンヤミン「経験と貧困」のために――

第1回　サイエンスと人間

自然学と現代……蔵本　由紀……21
科学の土台としての物理学　21／近代科学の考え方とその問題点　23／科学の核心としての普遍な構造　25／新しい普遍性に着目する非線形科学　27／非線形科学としてのリズムと同期の科学　28／振り子時計　29／同期現象　30／リズム現象のモデル　31／自然界に偏在する集団同期　33

宗教と科学……今井　尚生……38
ガリレオと地動説　38／ガリレオ裁判　41／第二次ガリレオ裁判　43／聖書と自然　44／物質と心・魂　45／聖書が表しているもの　46／宗教と科学の関係　48

第2回　社会に潜むリスク

リスクと向き合う……中谷内一也……59
――人々のリスク理解をサポートするための提言――
リスクコミュニケーションで強調されるポイント　59／直感的な確率評価　61／

判断のヒューリスティクス　64／明示されたリスクの過大評価　67／マスメディアの姿勢と直観的判断　69／リスクのモノサシの提案　71

食の安全と消費者……新山陽子……80

はじめに　80／食品事件の続発とその背景　80／食品安全確保の思想と手法　84／リスクコミュニケーションと消費者の心理　93／リスクにどのように向き合うか　100

第3回　社会と感情

認め合うことと倫理……伊豆藏好美……107

はじめに――「認めて欲しい」という思い、「認めてもらえない」つらさ　107／ホッブズの「自然状態」はなぜ「戦争状態」になるのか？　109／承認への欲望の功罪――人間は他者からの承認に生死を賭けてしまう　111／人間の「力」と「力の市場」　115／なぜ、「承認への欲望」は、「力への無際限の欲望」に転化してしまうのか？　118／人間の「共同社会」を可能にするもの　122／「権利」の基底には何があるのか？　124

責任について……吉永和加……134

はじめに――責任という問題　134／1-0　サルトルにおける自由と責任　135／1-1　意識存在における自己と他者　136／1-2　まなざしの関係と責任　138／2-

0　レヴィナスにおける責任　140／2-1　『全体性と無限』における責任　141／2-2　『存在するとは別の仕方で』における責任　144／おわりに――サルトルとレヴィナスの責任の違いについて　149

第4回　子どもの危機・大人の危機

ドイツの「赤ちゃんポスト」に学ぶ……………………………阪本恭子……159
――現代「子捨て・子育て」事情――
ドイツの事情　159／ボックスの設置目的　162／ドイツのボックスの問題点　164／ボックスの設置に賛成する意見　165／オーストリアの場合　165／日本の状況　167／日本社会に与えた影響　169／今後の課題　170

社会の変化・変化の社会……………………………井上　俊……176
大衆消費社会の形成　176／T型フォードの大ヒット　178／フォードの敗北　180／記号消費の時代　182／大量販売の社会的装置　183／大量生産―大量消費―大量廃棄のサイクル　185／リスク社会とテクノロジーの影　187／システム・リスクと生活リスク　189／脱リスク社会を目指して　190

＊

あとがき　197

不安社会のアナトミー

――同志社大学ヒューマン・セキュリティ研究センター公開講座の記録――

少し長い序——架空の公開講座

庭田茂吉

現代社会の誕生、あるいは新しい貧困について
——ベンヤミン「経験と貧困」のために——

現代社会の誕生、あるいは新しい貧困について

――ベンヤミン「経験と貧困」のために――

庭田 茂吉

いわゆる「現代社会」なるものはいつから始まるのか。しかし、この問いは見かけほど簡単な問題ではない。何よりもまず、「現代社会」の特質と見なされているものそれ自体が問題だからである。ここでは、少し過去にさかのぼって「現代」という時代の始まりを検討することによって、一つの答えを探ってみたい。

一

一九三三年にドイツの思想家、ヴァルター・ベンヤミンが「経験と貧困」というエッセイを発表している。こんな書き出しである。「学校で習った読本に、ある老人についての寓話が載っていた。この老人は死の床で息子たちに、うちの葡萄山には宝物が埋めてある、と言い遺す。是非とも掘って探すがいい、と」（浅野健二郎編訳『ベンヤミン・コレクション2』所収、筑摩学芸文庫、一九九六年）。宝物はどこにあるのか。息子たちはあちこち探す。しかし、宝物は見つからない。やがて秋になり、この山はどこの山よりも葡萄の出来がよかった。そこで初めて息子たちは気づく。「父親の遺してくれたものが、幸福は黄金のなかにはなく勤勉のなかに潜んでいる、というひとつの経

験」であったことに。言うまでもなく、「勤勉」という答えが問題なのではない。ここで重要なのは、ベンヤミンがイソップの寓話「葡萄山の宝物」を例にして何を語っているかである。

今問題は、父親が遺してくれた「ひとつの経験」である。大人たちが「脅しながら、また宥めながら、私たちが成長していくあいだじゅうずっと振りかざした」経験が問題なのである。それは、ベンヤミンによれば、「たえず繰り返し年上の世代が年下の世代に教え継いできたもの」であり、金言や物語や教訓話しやさまざまな教えとして伝承されてきたものである。それらは一時代前まで確かにあった。しかし、そのような「指輪のように世代から世代へと受け継がれてゆく」経験は今もあるだろうか。一九三三年の時点でベンヤミンは、「否」と答えた。それはもはや望むべくもない。彼は次のように述べる。「経験の相場はすっかり下落してしまった。しかもそれは、一九一四年から一八年にかけて、世界史のなかでも最も恐ろしい出来事のひとつを経験することになった世代において起こっている。ひょっとするとこれは、目に映って見えるほどに不思議なことではないのかもしれない。当時私たちは、戦場から帰還してくる兵士らが押し黙ったままであることを、はっきりと確認できたのではなかったか？伝達可能な経験が豊かになって、ではなく、それがいっそう乏しくなって、彼らは帰ってきたのだった」。

いったい何が起こったのか。戦場に送り出された兵士たちが語るべきことは山ほどあるのではないか。なぜ、彼らは、「伝達可能な経験」が豊かになってではなく、乏しくなって帰ってきたのか。なぜ、「押し黙ったまま」なのか。この沈黙にこそ問いかけなければならない。常識的に考えれば、戦場でのさまざまな体験や経験には語られるべき多くの事柄がありうる。そうであれば、伝達可能な経験が豊かになって帰って来たとしても何ら不思議ではない。しかし、ベンヤミンは逆に一層乏しくなって帰って来たと述べている。もはや語りようがないのである。もはや伝えようがないのである。「戦争にまつわる出来事においてほど徹底的に、経験というものの虚偽が暴かれたことはなかった」からである。具体的には、「戦略に関する経験は陣地戦によって、経済上の経験はインフレーションによって、身体的な経験は飢えによって、倫理的な経験は権力者たちによって、ことごとく化けの皮を剥がされた」からである。その結果、われわれはどうなったか。「ちっぽけでもろい人間の身体」だけが残された。それ以外はすべて変わってしまった。

ベンヤミンの言うところの経験の貧困化である。戦場での兵士たちは、これまでの彼らの経験によって何とか理解できるというレベルをまったく越えた事態に遭遇していた。彼らの手持ちの経験では決して追いつけないような出来事に巻き込まれていた。それでは、何がこのような事態や出来事をもたらしたのか。テクノロジーの発展である。ベンヤミンは次のように言う。「技術のこの途方もない発展とともに、あるまったく新しい貧困が人間に襲いかかってきた。そして、占星術やヨガの英知、クリスチャン・サイエンスや手相術、菜食主義やグノーシス主義、スコラ哲学や交霊術、といったものの蘇りとともに人々のあいだに——あるいはむしろ、人々のうえに——浸透していった、あの重苦しいまでの、さまざまな思想の氾濫は、この新たな貧困の裏面をなすものなのだ。というのも、ここで起こっていることは真の蘇りではなく、たんなるメッキ現象にすぎないからである」。

ここでベンヤミンが「技術」の発展、もっと正確に言えば、「科学技術」の発展という言い方で考えているのは、知恵の集積としての経験の消滅であり、別の言い方をすれば、ハンナ・アーレントの言う「伝統」の喪失である。この事態はきわめて重要な意味をもつ。というのも、それは「あるまったく新しい貧困」をもたらすことになるからである。それゆえ、問題はこの新しい貧困という事態の解明である。ここには、ちょうど「近代」という時代が終わり、「現代」という新たな時代の始まりにおいて生じつつある、ある象徴的なものが含まれているのかもしれない。経験の貧困化は、世代間において起こる出来事、すなわち、ある世代において生じたテクノロジーの発展によって、われわれの経験が次の世代の人々に次々に追い越されていくという事態を越えて、一世代においてでさえ、私の過去が新たな私の現在によって日々置き去りにされていくというきわめて深刻な問題を孕んでいるからである。

パソコンなどを例に挙げれば、この事態の深刻さは容易に理解できるだろう。買い求めた愛機は、わずかな年数で「終わったもの」になり、すぐさま新型のそれに取って代わられる。これは何も技術革新についてだけ当てはまる話しではない。かつては一度身につけた技は生涯にわたる財産だったが、今やそれは短い「賞味期限」しかもたない。生涯において、何度でも新しい技術に挑戦し続けることが生き残るこつなのである。

実は、ベンヤミンの「経験の貧困」という考え方は、こうした現代社会の根本的な問題を先取りしたものだったのではないか。第一次世界大戦後の世界、一九二〇年代や三〇年代を舞台に、ベンヤミンは、この経験の貧困化というテーマのもとに、現代社会誕生の物語を科学技術の「途方もない発展」という観点から描いていたのではないか。見田宗介は『現代社会の理論』において、レーチェル・カーソンの『沈黙の春』を取り上げながら、一九五〇年代のアメリカにおける現代社会の誕生について語ったが、ベンヤミンは時間をもう少しさかのぼって、「一種の新たな未開状態」としての「経験の貧困」、すなわち、「たんに私的な経験であるばかりでなく、人類の経験そのものの貧困」において、ある新しい社会の出現を垣間見たのではないか。ここに、ベンヤミンの他の作品、一九三四年の「フランツ・カフカ」や一九三六年に発表された『複製技術時代の芸術作品』などを置いて考えれば、この経験の貧困化という事態のもつ意味はもっと明確なものになるかもしれない。一例を挙げると、上記のカフカ論において、ベンヤミンは次のように言う。「人間相互の疎外の度合が行きつくところまで行きついた時代、はかりしれないほどの媒介によって生じる関係だけが唯一の人間関係になった時代、このような時代に映画と蓄音機は発明されたのである。フィルムのなかでは、ひとは自分の歩き方を見分けることはできないし、蓄音機のなかの自分の声を聞き分けることもできない」（高木久雄訳「フンラッ・カフカ」『文学の危機』所収、一九九六年、晶文社）。

注意して欲しいのは、「新しい貧困」ということでベンヤミンが何を考えていたかという点である。後に改めて触れるように、われわれは、経験の貧困化という事態を、時間や空間の経験の変化を含む、われわれの経験の様式そのものの変化にまで及ぶ、根本的変化と考えているが、これを過小評価して単に第一次世界大戦の「戦後」の問題にすぎないと考えてはならない。この事態は「世界史になかで最も恐ろしい出来事を経験した世代」や「鉄道馬車で学校に通った世代」に起こった、限られた問題ではない。実はわれわれは、こうした出来事の延長上にいるのである。現代の社会にあっては、ベンヤミンがすべてが変貌する風景の中で唯一残されたものとして指摘した、あの「ちっぽけでもろい人間の身体」でさえもはや無傷では済まない。それどころか、われわれは今や、「生身の身体の消失」を生きているのである。「新しい貧困」が現代の社会にもたらすさまざまな問題について、ここで逐一取り上げるわけにはいかないが、一つだけ触れるとすると、ベルナール・スティグレールの言う「象徴的貧困」の問題である。「象徴的貧困」とは「過剰な情報やイメージを消化しきれない人間が、貧しい判断力や想像力しか手にできなくなった状態」を表すための概念であるが、スティグレールによれば、「現代の大きな危機は、象徴的貧困が進んだために、自分と他の人間を区別する境界があいまい」になったことにあり、「その結果自分が確かに存在しているという感覚が失われ、自分を本当に愛することもできなくなっている。そうした人間の危機がさまざまな社会問題や事件も引き起こしている」(『朝日新聞』夕刊二〇〇六・一二・一四)。ここではあまり深入りするわけにはいかないが、こうした「象徴的貧困」の考え方はベンヤミンの「新しい貧困」の延長上にあることは間違いないように思われる。

二

「経験と貧困」に戻ろう。先にも触れたが、ベンヤミンによれば、「経験の貧困」は単に個人的な経験ではなく、人類の経験そのものでもあり、新しい未開の状態であると考えられている。それでは、われわれはこの文明の頂点において現れた「未開状態」や「野蛮」にどのように対処すべきなのか。ベンヤミンは、乏しい経験しかもたない未開人が何かを始める場合を念頭に置いて、次のように言う。「つまり、新たに始めること、わずかばかりのもので遣り繰りすること、そのわずかばかりのものから拵え上げること、そしてその際に、右や左をきょろきょろ見ないこと。何はともあれまず一切を清算してしまうところから始める非情派が、つねに存在した」。ベンヤミンの希望は、この「新たに始めること」のうちにある。ちょうど、デカルトやアインシュタイン、ピカソやブラックを代表とするキュービストたちやクレーのような人々が、「時代についていかなるイリュージョンももたないこと、それにもかかわらず無条件に時代の側に立つこと」で、新しい可能性を開いたように。

同時代の人々の中で、とりわけベンヤミンの目を引いたのは、ドイツの作家パウル・シェーアバルト（一八六三―一九一五）である。ベンヤミンは同時代の作家ジュール・ヴェルヌと比べながら、次のように言う。「シェーアバルトの書いた長編小説のなかに、遠くからだと、ジュール・ヴェルヌ風に見えるものがある。けれども本当は、それらの小説は、ヴェルヌのものとは大いに異なっている。つまり、ヴェルヌにおいて、突飛な乗物に乗って世界じゅうをあちこち翔けめぐるのは、いつもフランスやイギリスの小金利生活者たちだけなのに対し、シェーアバルトの関心は、私たちの望遠鏡や飛行機やロケットが、従来の人間から、どのような、まったく新しくて一見に値する愛すべき生き物を造り出すだろうか、という問いに向けられていた。ちなみに、これらの新しい人間たちもまた、すでに、まったく新しい言語を口にしている」。問題は、ここで言われている「愛すべき生き物」の創造である。ヴェルヌに向けられる冷淡さは、たとえ世界をめぐる冒険があったとしても、それが何も新しいものを生み出すことがないからである。それは「小金利者」たちの単なる娯楽でしかない。しかし、シェーアバルトの作品の出発点は、「伝統的な人間像、厳粛に儀式ばった、高貴な感じのする、過去の供物を総動員して飾りたてた、そんな人間像とは袂を分かち、新生児のようにこの時代の汚らしいおむつをして泣き叫んでいる裸の同時代人」にあり、彼の目指すものはむしろこの経験の貧困そのものを生きている同時代人たちから、未開人が「いちばん初めの段階から新たに事を起こすように」、新しい人間像を創造することなのである。面白いことに、ここでは、望遠鏡や飛行機やロケットが新しい可能性を開くものとして積極的に評価される。テクノロジーの二面性である。それはこれまでの経験を徹底的に破壊し、われわれに経験の貧困をもたらした。しかし、ベンヤミンにとっては、これは不可避の事態であり、それゆえ、ここから失われた過去へと後戻りすることも未来への夢の飛躍もともに問題にもならない。重要なのは、「新しい貧しさ」から始めることである。すなわち、望遠鏡や飛行機やロケットに、要するに、新しいテクノロジーに経験の破壊と創造の両義性を見ることである。そこから新たに始めることである。ベンヤミンにとっては、シェーアバルトこそがそれにふさわしい作家だったのである。

もう少しシェーアバルトにこだわって、「移動ガラス住宅」の話しをしよう。ベンヤミンによれば、シューアバルトは「自分の造り出した人物たちに――そしてこれらの人物たちに倣って同時代の市民たちにも――、社会的地位に応じた住宅を与えることに、最も重きをおいた」が、それがこのガラス住宅なのである。それにしても、なぜガラスなのか。ガラスは「他の物質の固着を許さない、硬質の滑らかな物質」であるだけではなく、「冷たくて飾り気のない物質」でもあるからである。そこには、「アウラ」がない。そこには「秘密」がない。そこには「痕跡」がないし、そもそも痕跡は残らない。ベンヤミンはここに、「新しい貧困に対する信仰告白者」としてのシェーアバルトを見る。ベンヤミンが一九一四年に出版されたシェーアバルトの『ガラス建築』の一節に触れているので、われわれもまたその一部を引こう。「ガラスのこの新しい環境は人間を完全に変えてしまうだろう。そしていまはただ、この新しいガラス文化に、あまりにも多くの敵が現れないようにと願うばかりである」。ベンヤミンの伝えるシェーアバルトの試みは、この「人間を完全に変えてしまう」環境の中から、「根本的に新しいもの」を創造することであった。だからこそ、「経験の貧困」があらゆる面で出発点なのである。

ベンヤミンは次のように言う。「経験の貧困――このことを、人間たちが新しい経験を切望しているかのように理解してはならない。彼らはいま、新しい経験を求めているのではなくて、そもそも、もろもろの経験から放免されることこそを切望しているのである。彼らは己が貧困を――外面的な貧困も、最後には内的な貧困も――そのありのまま明確に認めることができ、しかもその結果好ましい事態が明らかになる、そのような環境を切望しているのである。彼らは、しかしまた、必ずしも無知あるいは経験欠如というのでもない。むしろ逆のことがしばしば言える」。諸々の経験から放免されて、彼らはどこに向かうのか。差し当たっては、自分の貧しさと向き合うことである。「ありのままに明確に認めることである」。しかし、その状態はやはり「無知」や「欠如」にすぎないのではないか。そうではない。ベンヤミンは「むしろ逆のことがしばしば言える」と述べている。なぜか。彼らが新しい経験を望んでいるわけではないのは、彼らは「ありとあらゆるものを貪り食ってしまって、すっかり満腹したあげくうんざりしている」からである。そして、決定的な一節がやって来る。「誰よりも、こうした彼らこそ、シェーアバルトの次の言葉に図星をさされたと感じるのだ。『君らはみなひどくうんざりしているのだ。――しかもそれは、君らが自分の考えるところすべてを、まったく単純な、しかもそれでいて壮大な計画に集中しないからにすぎない』」。彼らは、君らは、人々は、そしてわれわれは、自分の考えを「まったく単純な、しかもそれでいて壮大な計画に集中しない」がゆえに、うんざりしている。それでは、ここで言われている単純で壮大な計画とは何か。なぜわれわれはお腹がいっぱいなのか。お腹がいっぱいなのは、貧しいにもかかわらず、貧しいがゆえに、目の前にあるものを「貪り食って」いるからである。もはや経験は役に立たないにもかかわらず、役に立たないがゆえに、かえって経験にしがみついているからである。それゆえ、新しく始めるという「壮大な計画」に集中することができない。それが行きついた先が「うんざり」なのである。その「うんざり」と「満腹」の結果、何がやって来たのか。眠りである。ミッキー・マウスの生活である。

眠りにおいて、夢の中で、われわれは「昼間の情けなさや落胆」の埋め合わせをし、目覚めにおいては実現できない、あの単純で、それでいて壮大な生活を実現させる。ミッキー・マウスの生活は、「現代の人間たちが見るそうした夢」なのである。それにしても、ミッキー・マウスの生活の誘惑する力はどこからでてくるのか。「ミッキー・マウスの生活は奇蹟に満ちていて、その奇蹟は技術による奇蹟を凌駕するばかりか、それを笑いものにする。つまり、ミッキー・マウスの生活にあふれている奇蹟において最も注目すべきことは、それらの奇蹟がすべて、機械装置を用いることなく、準備なしの即興によって、ミッキー・マウスやその仲間、またその迫害者たちの身体から生じ来たり、あるいはごく日常的な家具や木、雲、湖といったものから立ち現われてくる、という点である。自然と技術、未開状態と文明的快適さが、ここでは完全に一体化している。そして、日常生活がもたらす限りない採め事にうんざりしている人びと、人生の目的が、さまざまな手段が無限に連なるパースペクティヴのなかの、はるかかなたの消尽点としてしか見えていない人びと、こうした人びとの目の前にいま、ひとつの生活が救いとして立ち現われるのだ」。

要するに、誘惑の力の源泉は、「自然と技術、未開状態と文明的快適さ」との完全な一致にある。映画の暗いスクリーンの中で、一九三〇年代に大量に作られたパラマウント社のウォルト・ディズニー作品に人々が魅了された秘密がここにある。それはまた「経験の貧困」がもたらした皮肉な結果でもあった。しかし、それが「生活の救い」であったとしても、それが眠って見る夢の続きであったとしても、われわれは目覚めないわけにはいかない。それでは、目覚めたわれわれを待っているものとは何か。

ベンヤミンはこのエッセイの最後に次のように言う。「私たちは貧困になってしまった。人類の遺産もひとつまたひとつ、次々犠牲にして手放し、真価の百分の一の値で質に入れ、その代償として差し出された〈アクチュアルなもの〉という小銭を、やっとの思いで手にしなければならなかった。戸口には経済危機が顔を覗かせており、その背後には一つの影が、次の戦争が、忍び寄ってきている」。しかし、一九三三年に、ドイツ語原文でわずか六頁弱の、この第一次世界大戦とその戦後の省察の中から生み出された「経験と貧困」において、「次の戦争」の予感を書き留めたベンヤミンは、この戦争を経験することはできなかった。ベンヤミンが言うように、科学技術の途方もない発展によって「われわれは貧困になってしまった」のである。しかし、それはまた、「〈アクチュアル〉なものという小銭」の獲得でもあった。ただし、そこに、多大な犠牲や喪失があり、誰もが無傷では済まなかったという事情がある。その結果、やっとの思いで手にした小銭なのである。暗い予兆の中で残されたのはそれだけである。ベンヤミンの希望はこの小銭にある。しかもそれを使うのはもはや少数のエリートたちではない。多数の人々、いわゆる「大衆」である。ここに二〇世紀の社会の一典型を見ることは、さほど難しいことではないだろう。また、われわれがこの「経験と貧困」に現代社会誕生の物語を読み取るのもそれほど不自然なことでもないだろう。こうして、「新たに始めること」を実行した「偉大な創造者」たち、デカルトやアインシュタイン、ピカソやクレーのような人々の試みと、多数の者たちのそれとが合流する。「だが、多数の者たちはいま新たに、手にしているごくわずかのもので遣り繰りしなければならない。根本的に新しいものを自身の課題として。それを洞察と断念のうえに基礎づけた人びとと、彼らは気脈を通じている。これらの人びとの建築、絵画、物語のなかで、人類は、どうしてもそうしなければならないのなら、文化を超えて生き存えてゆく用意をしているのだ」。

三

最後に、ベンヤミンの新しい貧困という考え方を現在のわれわれの社会の問題として考えてみよう。かつて、山田太一は、ある新聞紙上で、二つの不安を区別して次のように語ったことがある。「不安が増している、と言っていいだろう。終戦直後の五十年前に抱いた、努力すれば克服できる不安ではない。無力感にとらわれるような不安だ」。ここで「終戦」とあるのは、もちろん一九四五年の終戦のことであり、この文章は一九九六年のものであるから、ベンヤミンのエッセイから六三年後のものである。山田から見ると、われわれの現在は、後者の不安、努力によって克服できそうにない不安を抱え込んだ時代なのである。なぜか。ベンヤミンの経験の貧困化という事態への理解を深めた今、この問いに答えることは簡単である。それは、テクノロジーの問題、とりわけ技術革新の速度の問題から来ている。われわれは自分の身体を標準にした、あらゆる測定の基準を失って久しいが、速さに関しては、もはやどうにもならないところまで来ている。思考や想像の埒外なのである。その意味で、「無力感にとらわれるような不安」の時代なのである。われわれが生きた経験世界は、ことごとく変貌し、われわれの目の前から、日々終わったものとして失われてゆく。ここでは、われわれの愛用するものも、すでに「終わったもの」として自分の遅れを表すものでしかない。しかも、遅れはもはや許されない。その結果どうなるか。山田は次のように言う。「こうした経験から、私たちは目の前のものを愛せなくなり、不安が加速される。取り残されるのではないかという圧迫感にさいなまれ、より新しい、より便利なものを追い求める」。それどころか、今や、経験の様式そのものも変化している。二つだけ事例を挙げよう。

一つは、マクルーハンが一九六三年に書いた「外心の呵責」である。書き出しの文章で、彼は次のように言う。「西洋人が神経を自分の外側に出すプロセスを始めたのは電信が最初である。それ以前のテクノロジーは、すべて肉体の器官の拡張であった。例えば、車輪は足を自分の外部に出したものであり、都市を囲む城壁は皮膚を集めて外化(outering)させたものである。ところが、電子メディアは、中枢神経系の拡張であって、これは包括的で同時的な領域にほかならない。電信の発明以来、私たちは人間の脳と神経を地球全体に拡張させてきた。その結果、電子時代は実に不安な時代となった。人間は、頭蓋骨を内側に入れ、脳みそを外側に出して耐えている。私たちは異様に脆弱になった。米国で電信が商用化されたのは一八四四年。キルケゴールが『不安の概念』を出版した年である」(宮澤淳一訳「外心の呵責」『マクルーハンの光景――メディア論がみえる――』所収、二〇〇八年、みすず書房)。なぜ

「内心の呵責」ではなく、「外心の呵責」なのか。「身体のあらゆる社会的拡張に特有の性質とは、そうした拡張がめぐりめぐって発明家たちに戻ってきて、彼らを苦しめる」からであり、拡張によって身体の外に出されたものが苦しめるからこそ、「内心の呵責」ならぬ「外心の呵責」なのである。マクルーハンはここからきわめて興味深い議論を展開していくことになるが、ここではこれ以上の深入りは避けなければならない。

もう一つは、今の身体の話しとも関連するが、ディヴィッド・ライアンの言う、「消失する身体」の問題である。ライアンは『監視社会』において次のように言う。「一九六〇年代以降、身体は加速度的に消失していく。通信情報テクノロジーによって、ファックスや固定電話による通信に加え、eメール、クレジットカード決済、携帯電話、インターネットも登場する。これは多くの関係が共在なしに可能になるということである。身体と個人的経験は袂を分かち、個人的経験の相当部分が社会的なものになる。電子テーブルや衛星電波そのものが絆となるわけではないが、それは、次第に電子的手段に媒介されていく。こうした関係の浸透が加速するにつれ、伝統的な統合様式を代替するものの追求も加速される」(河村一郎訳、青土社)。われわれはどこかで生身の身体を信用している。しかし、ここに描かれているのは、互いに一緒に居合わせ、共に在ることによって、顔を見ることや言葉をかわすことや握手をすることで、「信用」を得るといった社会的なやり取りの消滅という事態である。生身の身体は、もはや生きた社会的関係の束ではない。それはもう「いらないもの」なのである。生身の身体の前では、われわれは言いたいことも言えず、むしろ居心地が悪いのである。ベンヤミンが指摘した、あの「ちっぽけでもろい人間の身体」すら、ここにはない。それは無傷で済まないどころか、消えてしまったのである。

かくして、ベンヤミンが提示した、テクノロジーの「途方もない発展」がもたらす「新しい貧困」は、われわれの過去と現在とを媒介するものとなる。それは、一方では、マンチェスターの大工場に集まった労働者階級の過酷な労働や惨めな衣食住の実体が問題となっていた、一八四〇年代のエンゲルスの『イギリスにおける労働者階級の状態』における、いわゆる「近代社会」の「貧しさ」との違いを想起させる。それはまた、他方では、「現代社会」の貧しさそのものを先取りした二つの概念、メディアの多様化が偽りの多様化にすぎず、逆に貧しさをもたらすというスティグレールの「象徴的貧困」や、ここでは触れられなかったが、今ここに住む自分の場所が居心地の悪いものとなり、日々異なるものに変貌するというジャン=リュック・ナンシーの「異郷化」にまでつながる深さをあわせもつ。このように、「経験と貧困」のもつ魅力はわれわれの時代を貫き、未来にまで及ぶ。わずか数頁の小さな作品とはいえ、ベンヤミンのエッセイの思想の精髄がここに現れている。オマージュを捧げる所以である。

第1回　サイエンスと人間

蔵本由紀　自然学と現代

今井尚生　宗教と科学

「自然学と現代」 物理学を諸科学の模範として仰ぎ見る態度は、現代でも根強いものがある。しかし、模範となるべきこの現代物理学には、複雑な現象世界をその生きた姿のままに理解しようとする、言わば自然学的態度に著しく欠けている。そして、このことが現代科学全般、ひいては人々の科学的なものの見方にまで看過できない悪性の影響を及ぼしてきたのではないかと懸念される。近年、このような偏りを是正するかのような動きが、複雑系科学、非線形科学等様々な名称の下に湧き起こり、現代科学の一つの潮流にまで成長する勢いにある。こうした動きを示すささやかな一例として、講演者が近年特に関心を持ってきた「リズムと同期の科学」の一端を紹介し、このような現象横断的な科学が、物理学と同じく原理を探求する基礎科学として優に成立しうることを述べる。

「宗教と科学」 宗教と科学が対立するものであるということは常識のように考えられているが、それは少なくとも歴史的には正しくない。また、今日のオカルトのように、両者を安易に結びつけようとする傾向も見受けられる。しかし、いずれの場合にも、両者の本質的関係についての考察は深められないまま、問題を素通りしてしまうことが多い。通常、宗教と科学の対立の典型例とされるガリレオ裁判は、我々に問題の本質を考える契機を与えてくれる。この事例を通して、我々が真に考えるべき宗教と科学の問題の本質がどこにあるのかを明らかにしたい。

自然学と現代

蔵本 由紀

今日は「自然学と現代」という題でお話をさせていただきます。大変大きな題ですので、もう少し修飾語を加えました。「リズムと同期」という具体的な非線形科学というものの一つのブランチを一例として取り上げたいと思います。

最初に現代科学、現代物理学に対する、ごく一般的な批判的な見方を述べたいと思います。それに続いて、もう少し具体的に、現在進行しつつある科学の立場から見たらどうかという形でお話をしたいと思います。最初に一般的なことをお話して、後半は「リズムと同期」という話を進めていきたいと思います。

科学の土台としての物理学

私は基本的に理論物理学の分野に属しております。私が今から申し上げるような主張、考え方からいうと、この人は物理屋さん、この人は何屋さんとラベルを貼ることはあまりよくないのではないかという考えを持っておりますが、ともかく一応、物理屋ということで通っています。物理学と言いますと、皆さん、どういうイメージを持っ

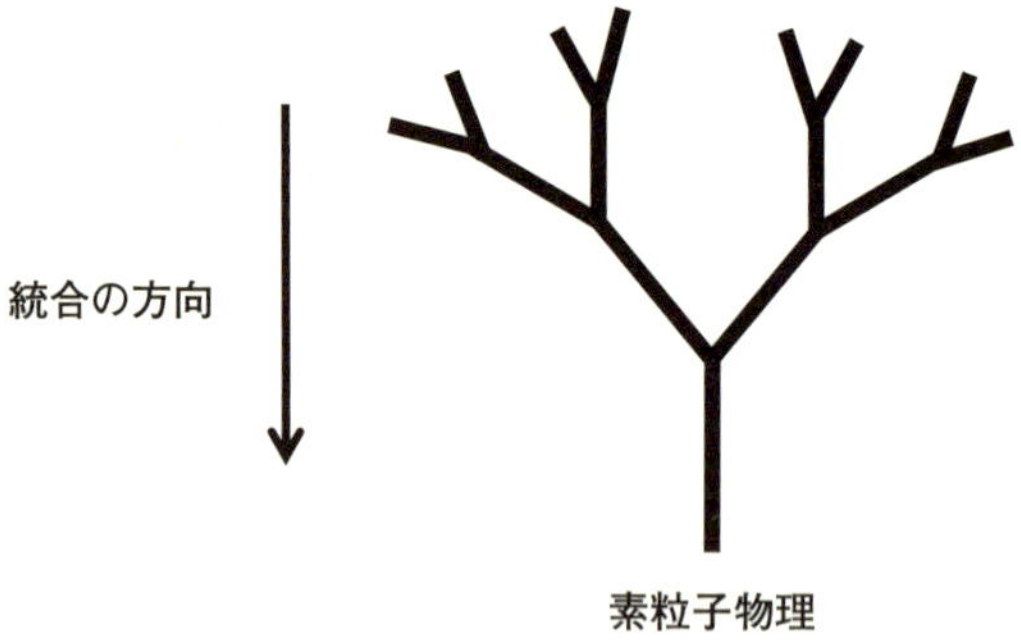

多様性を横断的に統合するもの

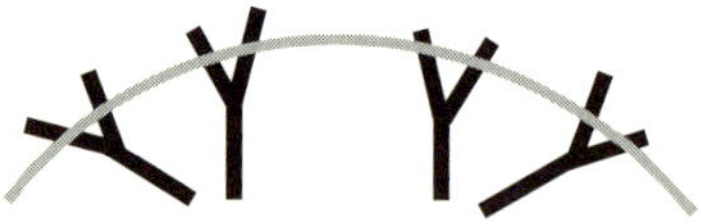

ておられるか、ごく一般的には科学の一番土台を支えている、基礎になる科学の中の科学だと見られているのではないかと思います。物理研究者も、そういう一種の自負心を持っているわけです。実際に例えば「物理帝国主義」という言葉がございまして、これは桑原武夫の言葉なんですが、一番土台を支えているという自負心が、ともすれば奢りにつながるということに対する戒めでしょうか。そういう響きを持った言葉なんですけど、土台を支えていること自体は否定されていないわけです。それがもし事実だとすれば、物理学のあり方、特に現代物理学のあり方が科学全体のあり方に必然的に影響せざるをえない。物理学における自然の見方、この世界の見方というものが科学全体に影響を及ぼさざるをえないのではないかと考えるわけです。だとすると現代物理学のあり方は重要な問題であって、そこに実は、私自身はある批判的な見方を持っております。まず、どういう点を批判的に見ているかということをお話したいと思います。

一言で言いますと、一本の大木、系統樹として物理学という知識体系をイメージするのがかなり一般にはあるのではないか、物理屋さんも基本的にはそういう見方を持っているように思われます。物理というより物理的科学と一般化した方がいいと思いますが、ともかく根元に近いところに万物を構成する基本的な粒子と考えられている素粒子があって、それを支配する法則がある。基本的な粒子である中性子、陽子、電子が結びつきますと、原子ができます。さまざまな原子が結びついて分子ができます。分子と分子がくっついて化合物になります。だんだんバラエティが広がっていきます。あたかも一つの素粒子から出発した一本の樹木が枝葉を広げ、多様性を持ってくる。そして末端の枝葉の世界に我々の複雑な現象世界がある、そういうイメージですね。

そうしますと、根本さえ分かると、原理的にこの世界のことはそれで決まっているわけですから、その法則に外れることは絶対にないわけですから、複雑な経験世界のすべてが原理的には一番基本の素粒子によって、すべて決まってくるというふうに考えてもおかしくはないでしょう。そういうところから基礎の基礎を担っている素粒子物理学者は誇りを持っています。科学の中の科学、物理の中の物理を我々はやっていると。そこさえ押さえれば、扇の要みたいなものですね。万物の基礎が分かるという自負心がある。

近代科学の考え方とその問題点

しかしこれは極端な考えではないかと私は思います。このような考えはどこから来ているか。古くはデカルトですね、近代科学の考え方の一番根底、パラダイム。そこではモノを構成する要素に注目します。微小な要素、そういうものについて、まず細かく理解を深めていけば、そういうものを総合して全体のことは分かるのではないかという、分析に強調点が置かれたデカルトの考え方が、系統樹的な考え方、見方として現代でも息づいている。現代はますますそれが猛威を振るっていると言ってもいいのではないかと思います。デカルト以来何百年過ぎた今、デカルトのパイダイムが現代において猛威を振るっているとさえ言えるのではないかと思うわけです。

デカルトのパラダイムには二つくらい問題があると思うんです。デカルトは必ずしも分析一辺倒ではなく、総合というものも確かに言っているんですね。分析で得られた知識を総合して全体を理解する。だけど総合にはあまり力点が置かれていなくて、そこがちょっと問題です。総合は実際には大変困難です。総合して得られる全体性から得られる新しい性質を広い意味で「創発」と呼ぶことがありますが、総合によって創発的性質を導き出すことに非常な困難性がある。デカルトにおいては、それが十分考慮されていない。それだけだったらまだいいんですが、つまりそれだったら分析的なアプローチは必要ではあるが十分ではないということだけで済むのですが、私の考えでは、それだけではない。分析はもちろん多くの場合に必要です。全体を知るためには部分に関する知識が必要だということは多くの場合正しい。しかし場合によっては分解して調べることが場違いな、そこまでやらなくても分かることはいっぱいある。今日、後半にお話しようと思っている「リズムと同期現象」の科学は、そういうものの一つだと思います。つまり、要素分析的な考え方は必要条件でもないんじゃないかと思っています。

このような認識の偏りが物理学にはあって、それが自然科学全体というよりも、社会科学、経済学とか、そういうものまで含めて何か物理的な方法を取ると立派なように考える人が結構いるように思われますね。そんなに偉いことをやっているんじゃないんだけど、物理的なアプローチだと結構立派だという先入観があるように思います。生命科学にしたって、最近は分子生物学全盛の時代ですね。要素分析的なアプローチ一辺倒、要素分析一色に塗りつぶされているとも言えるようなのが現代の生命科学です。もちろんそういう分析的なアプローチだけではだめだという現象もいっぱい見出されてきていますが、分析的なところでやれるところもまだいっぱいあるわけです。ですからある意味で、その方向で驀進しているわけです。物理学はそろそろ分析的なアプローチでは限界かなと。しかしよく分からないけど、生物学に関してはまだものすごいことが分析的なアプローチから出てくる。驀進しています。驀進しているけど、それではだめだという複雑現象もいっぱい出てきているわけです。

大きな欠陥を抱えながら科学は驀進することはありうると思うんです。現代はまさにそうだと思います。ある側面で進歩することを別に否定しようということではなく、それはそれでいいんですが、驀進しつつある科学の姿を見て「いずれは困難な問題も、この方法でやっていけるだろう」という根拠のない信念、それが問題ではないかと思っております。前置きが長くなりましたが。

科学の核心としての普遍な構造

系統樹的な物理学のあり方、それに影響された科学のあり方というのは、どういう理由で批判されるべきかと考えてみますと、私は科学の核心をなすもの、それは「多様性に富んだ現象世界の中に、何か変わらないもの、普遍なものを見つけ出し、それを客観的な公共性を持った言葉で表現する」、理想的には数理言語だと思いますが、そういうもので多様性の中に潜んだ普遍な構造を見出し、表現する、そういうことが科学の核心をなしているのだと思うんですね。それは色んな多様なものを統合すること、状況によって表れ方が様々違うんだけど、そこには何か普遍な、状況が変わっても変わらない何かがある。一般に物理法則と呼ばれるようなもの、あるいは要素的な実体もその一つですが、それを見出すということ、そういう「普遍なものを通じて多様なもの、変転するものを語る」というのが科学の語りではないかと考えるわけです。ある意味でパラドキシカルなんですけど、「普遍なものを通じてこそ変転するもの、多様なものが分かる」という、そういうのが科学の本質だろうと考えております。

それで先ほど、系統樹的なイメージ、ちょっと物理を知っている人は、こんな単純なものではないと分かるんですが、話を単純化しています。一番根元に素粒子物理学があって、それから色々多様性が広がっていくという、そうするすと多様性の統合は垂直方向、根元に向かっての方向でしか考えられないわけです。こういう考え方だと多様なものの中に潜む普遍なものは、どんどん根元に行くよりほかにないわけです。でもちょっと考えてみたら分かるんですが、そんなに根元に行かなくても末端の枝葉のレベル、錯綜した複雑世界を横断的に見て、そこに何か普遍な数理的構造を見出すことはいくらでもできるわけです。そういうことをまさに古典物理学はやっていたわけです。古典物理学は一六世紀終わりから一九世紀末頃までの物理学と一応しておきますが、このマクロ世界、人間が直接経験しうる、望遠鏡で見える天体運動も含めていいですが、ともかく我々の五感に直接訴えてくるような世界、そこにおける普遍構造、先ほどのツリー的構造から言えば、現象横断的な普遍構造、ニュートン力学だってそういうものです。色んな物体運動、我々の経験に訴える物体運動の千差万別、森羅万象の運動、そういうものに横たわる一つの $F=ma$ という一行の式で表される普遍構造があるわけです。同じようにマックスウェルの方程式で表される古典電磁気学とか、熱力学の第一法則、第二法則という言い方で言われている熱力学の法則も、非常に偉大な、現象世界を貫く普遍構造であるわけなんですね。

こういう方向で古典物理学もいいところまでいったんだけど、どうしたことか現代物理学の時代になりますとちょっと様相が変わってきました。これは私の考えで、ご批判があるかと思いますが、古典物理学とは違う、一つの強力な普遍構造というものに気づいた。そういう方向でやると、すごいいいことがあるということが分かった。その普遍構造は何かというと「物質を構成する微小な要素」という普遍性です。部分は全体より普遍だと。微小な部分の様々な結びつきによって、様々な全体の姿が表されるから、微小な部分それぞれは普遍です。その微小な部分を構成する、さらに微小な部分はさらに普遍です。そういうふうにますます高い普遍性を求めることが、非常に深いレベルから我々の物質世界を理解する上で強力なアプローチであるということが分かってきたんですね。実際、微小な要素という普遍性を追求することによってものすごいことが起こりました。未曾有の物質的な繁栄というものがもたらされました。その成果があまりに輝かしかったせいじゃないかと思うんですが、目をくらまされたというか、そういうのが一つの最も重要な、唯一と言っては過言かもしれないけども、そういうものに非常にウェイトが置かれた物理学、科学というものができてしまった。そういう偏りが現代科学にあるんじゃないかと思うんですね。

だけど現象世界は、いきいきして躍動しています。そういうものを語るのに「普遍性を通じて多様性を語る」と言いましたが、微小な要素を基にして生きた世界を語るのは言葉としてあまりにも貧しすぎるのではないか。不向きではないか。もっと色んな普遍性を見つける必要があるんじゃないかと私は思うわけです。もうちょっと言いますと、古典物理学におけるニュートン力学というのは「現象横断的な普遍性」と言いましたが、ニュートン力学自身も樹状構造を持っています。$F = ma$ という最も普遍度の高い構造が根元にあり、そこから色々分岐して、例えば質点力学とか流体力学とかが出てくるし、その他、諸々多様な力学現象が分岐して出てくるという意味では、横断的普遍構造といえども、その普遍性が高ければ樹状構造を持っているということは確かなんですね。

新しい普遍性に着目する非線形科学

この点はちょっと理解していただきにくいかもしれませんが、古典物理学、ニュートン力学もそうですし、電磁気学や熱力学もそれぞれ樹状構造を持っている。一番根底にはニュートン力学法則、マックスウェルの方程式、熱力学の第一法則、第二法則というものがあって、そこから色んな熱現象とか電磁気学的現象とか多様性を持って分岐してくる。ところがそういうものもまた末端のレベルで現象横断的に、そこにまた普遍性を見出していくことも可能なんですね。例えば単純化して言うと、最近の非線形科学では、カオス現象を基にして新しい樹状構造を造ろうとしています。物理現象に限らず、生命現象とか、社会現象とか色々なものが対象になります。現代の非線形現象の科学ではそういうものまで横断するような普遍性を研究しようとしています。

これは物理学をどう定義するかということにも関わることで、それぞれの定義があっていいと思いますが、私は物理学というのは「原理を探究する基礎科学」であるということを認めたいと思います。これはこれまでの常識とも合致する考え方です。原理を探究する基礎科学、原理というのは大きな普遍性を持つような普遍構造、普遍度の高い普遍構造に関心を寄せる、そういう科学であるということで、これも反対はされないだろうと思います。それは、言い換えれば、大きい普遍性に関連して、それぞれに樹状構造があるということであれば、樹状構造の根幹を志向するような科学である、ということです。枝葉の末端よりも根元に関心を持つ、それを私は物理学と呼んでいいのではないかと思います。

ところがその樹状構造は、単に要素的な、微小な要素というような普遍性を根幹とする樹状構造だけでなく、様々な樹がある、様々な普遍性が、この世界にある、様々な普遍構造の根幹部分に強い関心を寄せる基礎科学、それを物理学と呼んでいいんだ。これは今までの物理学よりも控え目な定義だと思います。

非線形科学としてのリズムと同期の科学

それで後半の話に入りたいと思います。「リズムと同期」について科学的な話は突っ込んですることはできないんですが、多少、感じ取っていただくということでお話的にさせていただきたいと思います。

リズムと同期に関する現代の科学というのが、まさに生命現象も社会現象も物理現象も化学的な現象も、そういうものが錯綜する現象を横断的に眺める一つの科学になっている。そこに普遍な構造を見出すという、一つの科学の一例を与えているのではないかと思うわけです。スポーツにおける同期現象として、ボートのクルーがオールを揃えて漕いでいる例を挙げることができます。同期して運動しているわけですね。シンクロナイゼーションと言いますが、文字通りシンクロナイズドスイミングは同期した動きです。ボートの場合には単純な周期運動、繰り返し運動をする個々の要素が複数あって、そういうものがペースを揃えている。シンクロナイズドスイミングは単純な動きではないですね。難度の高い複雑な動きでシンクロナイドズしている。シンクロという概念は、このように広い意味も持っていますが、今日の科学で言われるのは、単純なリズミックな運動のシンクロ現象というのが主で、次第に複雑な運動のシンクロに次第に広がってきています。しかし、一応きちんとできているのは、周期運動とその同期現象です。

振り子時計

同期現象に関わる周期運動というのは、あるクラスの周期運動です。つまり、周期運動に二種類あって、同期はその一方に関係している。代表的な例で言うと、振り子と振り子時計の違いです。両者は似ているけども周期運動のタイプとしては違う。単純な振り子では、一点を固定しています。真空中ですといつまでも振れますが、空気抵抗があればだんだん減衰してきます。最初に大きく振らせば大きく振れます。小さく振らせば小さく振れる。振幅は一定していない。しかし振り子時計は最初大きく振っても小さく振ってもやがて一定の振幅で振れ続けます。しかも空気抵抗があっても減衰しません。安定です。両者はどこが違うか、同じ振り子なのに。単純な振り子の方はエネルギーの流れの中にない。エネルギーを空気抵抗の中で失うだけです。どこからもエネルギーの供給源がないんですね。ところが振り子時計はエネルギーの供給源があって、絶えず外からエネルギーが入ってくる。外からというのは時計の種類によりますが、昔風の機械時計であれば重りとか。その場合は重力の位置エネルギーを小出しにしながら振り子に流しているわけです。ゼンマイの力学的エネルギー、弾性エネルギーを使うこともあるし、最近では電気エネルギーです。とにかく供給源がある。エネルギーをもらいながら、もちろん摩擦とか抵抗があるから、エネルギーは失いつつある。エネルギーの供給と喪失というバランスでダイナミックに安定が保たれている振動現象です。これはオープンシステムと呼んでいますが、そこで表れる振動現象ですね。詩仙堂などにあるししおどしの場合でも、エネルギーとか物質の流れの中にあって安定なリズムを生じる仕掛け、最も単純な仕掛けになっています。軽くなってまた元の姿勢に戻る。また水を受け入れる、その繰り返しです。これはエネルギー、物質の流れの中に置かれて自発的にリズムを生じる、最も単純な一例になっているわけです。

振り子時計と似ていますが、メトロムームもこの種の周期運動を示します。これにも機械式と電気式がありますが、一定の振幅のところに落ちつくわけですね。こういう振動、エネルギーの流れの中に置かれたシステムの振動、こういうのがシンクロ現象と関係しているわけです。

同期現象

クリスチャン・ホイヘンスというニュートンと同時代の偉い学者がいます。科学としての同期現象を初めて記述したのがホイヘンスだと言われていますが、彼は振り子時計の製作者としても名高いんですが、彼がつくった二つのそっくりな時計が壁にかかっている。それを彼が見ていると、不思議なことに振子が示し合わせたように揃って動く。同じ方向に揃えているのではなく、反位相、逆位相で同期しているんですが、ペースはまったく揃えて乱れないわけです。彼はこれを不思議に思って、壁にかけた一方の時計を反対側の壁に一五フィート離して吊るしてみた。そうするとたちまち互いのペースは乱れてきた。同期する場合はガシャガシャと乱してもやがて同期する。同じことは並べたメトロノームでも起きる。メトロノームの性質がわずかに違うと、だんだん互いのペースが乱れてきます、相互作用が全然ないと。運動しているうちにペースが乱れてきます。しかし、影響し合うと違ってきます。微小な影響力が相互に伝わって乱れていた運動がだんだん揃ってきます。まったく同じ周期のメトロノームをつくるのは不可能ですから、長時間待てば、相互作用がない限り絶対乱れてくるはずなんですね。だけど同期するとそういうことには永久にならない。これは京大の吉川教授のグループの実験ですが、同期現象は色んなところに出てくることを示すために、こういう例を出しています。彼らは蠟燭を三本一緒に束ねて火をつけると振動することを示しました。三本束ねたものを二組並べると互いに同期するんです。二組を少し離して置きますと、今度は逆位相に同期するという面白い現象も起こります。

また、京大の情報学研究科にいる合原君という学生が下宿でやったんですが、アマガエルを捕まえてきて、籠に入れてグアグアと鳴かせる。二匹を向かい合わせに鳴かせると、交互に声を出す。互いがガッガッと半位相に同期して鳴くことが分かりました。三匹を同時に鳴かせることもやっています。こういう実験を情報学研究科でやらせてくれるとは、大学はまだ自由なんだなと思います。このカエルは雨期にしか鳴きませんので六月頃になると彼は忙しくなって、冬の今は暇な時ですね。データを整理している時ではないかと思います。

申し上げたいことは、振り子時計、メトロノーム、蠟燭の炎、カエルの発声、モノ的にはまったく縁もゆかりもないものなんですが、そこにリズムと同期という共通の現象が横断的にあることです。しかもこれはモノとしての実体を見ても、つまり、こういうものを物質と見て分解しても、なぜ同期するかは分かりません。振り子時計がどういうモノの組み合わせからできているとか、蠟燭の炎の詳細な物理化学的な知識とか、カエルの生物学的な詳細、そういうものを、いくら細かく追求しても、これらの同期現象は分からないですね。だけど複雑な世界に止まって、そのレベルで現象論的なモデルをつくることは、いくらでも可能です。

リズム現象のモデル

一般に、リズム現象を円の上を等速で回る一つの粒子運動に対応させて考えることができます。そうすると二つのリズムの間の同期をどう考えたらいいかというと、似たようなリズムの間の同期というのは、一つの円の上を二つの粒子がグルグル回っている状況を考えることになります。もともとの周期が違えば、回る速さがそれぞれ違う。それに対してストロガッツという人が上手なたとえを使っていますが、円形トラックを二人がジョギングしている。足が速いのと、遅いのがいる。そういう時に二人一緒に揃って走れれば同期がある。だけどどうしても一方は他方についていけない場合もある。一方が何週も追い越してしまう。その場合には同期はしない。一緒に走れる両者の間に弱い相互作用がありますと、これがお互いにペースを調節し合って、一定のスピードでグルグル回ることができるということを、きちんと表現することが可能なんです。

この場合は二つのリズムの間の同期現象でしたが、多数のリズムの間の同期も同じように考えることができて、先ほどの郡君の実験ですが、四つのメトロノームを置きますと、バラバラな位相から出発して運動させますと、やがて揃ってきます。一旦揃ってまた乱れますが、また揃ってきます。

今のメトロノームの同期と同じような、集団としての同期現象というのがロンドンにあるミレニアムブレッジで二〇〇〇年六月に起こりました。集団同期による事件です。このロンドンの吊り橋の、オープニングがあったんですが、両岸から数百人がドッと押しかけた途端、橋がものすごく揺れ始めた。それで二日後に閉鎖になりました。これは、台の上にメトロノームを乗せたようなものです。大勢の人の歩くペースはほぼリズミックです。個々人一秒周期くらいでリズミックに歩いている。速く歩く人と遅く歩く人がいるから、相互作用がなければペースはバラついて橋に対しては何の影響もないはずです。しかし、橋は最初は揺れてないんですが、だんだん揺れてきます。橋の揺れが、人の歩調に影響して、その影響が橋に及ぶ。橋は一種の場をつくっていて、人は個なんです。その個と個の相互作用が橋という媒体で媒介されている相互フィードバックで、大揺れに揺れてパニックになります。

この問題のポイントは、人の歩調がどうして同調するかにあります。一旦同調してしまえば、それが大きな力となって橋を揺らすのは当然で、それは同期というよりはむしろレゾナンス（共鳴）です。一九四〇年のワシントン州のタコマブリッジは共鳴で崩壊しました。

自然界に偏在する集団同期

心臓は鼓動を打ってないと死んでしまいますが、鼓動の原因は何か。鼓動は一種の集団振動現象です。同房結節という心筋の外部の部位があって、ここに一万オーダーの個数の、個々が振動する細胞があります。電気的なパルス振動をしている細胞の集団です。それらがお互いに接触している。それらが同調することによって強力なリズムがそこから発生して、集団振動のパルスが心筋を波として伝わり、その電気的な刺激が筋肉を周期的に収縮させて血液を送り出すということで我々の健全な心臓の活動が維持されているわけです。そういう意味で集団同期は生命の根幹に関わる重要な現象なんです。

サーカディアンリズムという重要な現象もあります。ほぼ二四時間の生理的な変化、血圧とか体温、免疫機能、睡眠覚醒のリズム、そういうものを誰でも持っていますが、それは一日の日夜の周期、外部的な周期の影響下にあるからです。しかし、外部の影響をまったく遮断して一定の環境の中で何週間も人間を閉じ込めても、二四時間に近いリズムは明確に見えます。そういう意味で人は固有の時計を持っているんですが、それが日夜の二四時間の周期に同調して、同期しているから我々は意識しないんです。そういうリズムの原因はどこにあるかというと、高等動物では視交差上核という、左右の視神経が脳に入っていくところ、それらが交叉するあたりにあります。その近くにこれも一万オーダーの、それぞれが二四時間で振動する細胞の集団があって、それが相互作用によって集団のリズムをつくり出して各身体の器官に送っているということです。これも生命維持上重要で、これが乱れると色々困ったことが起きます。海外旅行での時差ぼけなどではこれが過渡的に乱れた状態になることによって起こります。

集団同期は必ずしも望ましいばかりではなく、パーキンソン病による運動障害は、脳内のある部位の振動する神経細胞の大集団が同期するために起こります。その時は同期を壊さないといけない。同期を壊すための色んな方法か最近開発されて、これ非線形科学の一つの成果なんですが、単純な円の上を回る複数の粒子の運動から得た着想が、実際の治療にも役立ちつつあります。ドイツで、臨床医と非線形科学者が共同して研究しているという状況です。

てんかん発作もパーキンソンにおける運動障害と同じように、振動する脳神経細胞の集団が集団同期して大変なことになる。それを壊さないといけない。だから同期はいいことばかりではないわけです。

蛍の光り方にも集団同期が見られます。何万匹もの蛍が木に止まっていて、夜になると一斉に光を周期的に放つわけですが、それが、全体がバラバラになっていれば、遠くから見ると灯がボーッと明るいだけなんです。それが指揮者がいないのに示し合わせたように急にパッと明るくなり、一瞬のうちに真っ暗になり、ということを繰り返すわけです。非常に正確な周期です。これはＮＨＫで放映されたことがあります。茂った樹の上を波が流れるように光ることもあります。一斉に発光するというよりサッサッと波として流れます。先程の円の上の粒子の上のモデルを使いましたが、大集団の同期は円の上に一杯、粒子を並べて表すことができます。相互作用がなければバラバラに回っている状況に対応します。全体としてはランダムに分布して、集団としては何も効果がないというのが、相互作用がない場合です。相互作用が生じますと粒子の塊のようなものができます。分布で言うと粒子の密度の山になります。その塊がグルグル回る。それが集団振動に対応している。こういうことを数学的に、あるモデルをとって記述できます。集団同期しているとき、外から何か大きな刺激を与えて、この分布を一様状態に近い状態にすれば集団同期は消えます。そういうことを示す方法は色々開発されています。

集団振動をアニメーションで見せることができます（アニメーションの映像であるためここでは省略します）。非常にたくさんの粒子を、円を描くようにグルグル回らせます。お互いの関係を見ることができるよう、平面上の円ではなく円筒で奥行きを設けて、粒子を奥行き方向に分布させることにします。グルグル回るというのは円筒形の表面を走っているというピクチャーです。円筒を切り開いて、バラリと一枚ものにほどいてみます。繰り返して縁の上を回っている様子は、上と下につなげた平面で表すことができます。粒子群は一方向に走りますが、相互作用がなければそれぞれ勝手な速度で走る。相互作用がなければ、ゆっくり走るものと速く走るものがあるわけですが、それをたくさん横に並べます。遅いものから速く走るものまで、左から右へ順に並べてみます。これは私が以前につくったモデルです。粒子間の相互作用と、それぞれバラついた速さを持っているということを考慮して、集団として何が起こるかということを記述するモデルを提案しました。それによりますと相互作用の強さを大きくしていきますと同期します。同期するというのは粒子群の固まりができるということ。最初はランダムにバラついていたのが、中央部分がだんだん固まって、これが集団運動を示します。

ということで、このあたりで終わらせていただきたいと思います。これが横断的な科学の取り組みの例になっているかどうかは皆さんのご判断ですが。ご静聴ありがとうございました。

司会 どうもありがとうございました。前半では現在の科学のあり方の限界とそれ是正しようとする最近の動きについて、後半は先生が近年研究を進めてこられました「リズムと同期の科学」についてお話いただきました。

質問 先生が科学の定義で原理を探究する基礎科学からツリー構造の根幹を志向する科学へと、定義を改めるべきだと。しかし科学は自然科学に限らず、人文科学も社会科学も、すべて対象、現象を読み取るということだということですね。それを我々の文系の者でも、文献を読んで読み取るということだと思います。現象に対する読み取りの仕方が、自然科学の場合は物理学的、生物学的、化学的な読み取り方があると思いますが、現象は誰がつくったか分かりませんが、すでに存在するものですよね。それを読み取るところから始めるという素朴な考え方から科学は成り立っていると私は思うんです。その読みとり方が深い、浅いもあるわけですけれども、読み取ったものに対して、後から解釈を加えて、解釈によってはツリー構造にもなりうるでしょうけど、ツリー構造にならねばならぬ理由はないですよね。これはあくまでも仮説の解釈にすぎないわけですので、ツリー構造の根幹を志向するとなると、それは解釈と一定考えて構わないんじゃないでしょうか。ツリー構造でない解釈の仕方だってあると思うんです。読み取りというところまでは、お互い、人文系も、自然科学も一緒だと思いますが、後の、なぜ体系的にならねばならぬか、ということが、私には理解しがたいんですけど。

蔵本 知識構造は一般的な概念と個別概念が常にあるわけですね。そういう側面から見た話です。基礎科学と応用科学という言い方をよくされます。基礎物理と応用物理という言い方もされます。基礎と応用をどう考えるかということに対して、私が応用というものはツリー構造で言えば、末端の枝葉的なことに関心を寄せる科学だと普通考えるんですけど、それは末端の錯綜した世界を横断するような、そこのレベルに止まりながら、またそこを横断するような見方が可能であって、そこにまた基礎科学が成り立つ可能性が十分あるということを私は言いたかったわけです。そこで成立する現象横断的な基礎科学にもまた、それはある面から見ると知識構造にほかなりませんから、一般的な概念から個別概念に至るツリー的な構造が内蔵されていることは間違いではないと思います。

質問 それは先生のご解釈ですから、私はそれを間違いと言っているわけではないんですが、ただ宇宙全体を見ましても、それがどのように成り立っているか。誰かつくった人がいるわけで、それは分からない。神かも分からないし、何か分からない。我々は存在する現象に対して、どこまで読み取りの正確さが保障されるかということが、科学への信頼度になると思うんです。読み取りが不十分なところでツリー構造をつくっても、それは一仮説にすぎないという解釈になるのではないかということを思っただけのことです。

蔵本 はい、分かりました。私の話は、そういう意味では物理学、物理的科学に限定した話だと。あまり広げて考えると、色んな問題が出てくるということは承知しております。取り敢えずは自然科学、特に物理的な科学に限定して、ご理解いただけたらと思います。

質問　分かりました。どうもありがとうございました。

司会　蔵本先生、どうもありがとうございました。

宗教と科学

今井　尚生

英語で「サイエンス（science）」と言いますと、もともと学問一般のことを意味しますから、その訳語である「科学」には人文科学や社会科学も含まれるのですが、今日では「科学」という言葉で自然科学のことを指す場合が多くなりました。そこで今日の話でも、科学という場合は自然科学のことだとご理解ください。また、宗教と科学の問題については、一般的な解答があるわけではありませんので、今日はこの問題の本質がどこにあるのかということを考えてみたいと思います。

ガリレオと地動説

そこでこの問題に関係する歴史も繙き、まずガリレオの事例を取り上げてみたいと思います。これについては科学史家の村上陽一郎氏が詳しく論じておられますので、興味のある方は彼の書いた書物に当たってみてください。さて、ガリレオ裁判について我々が知っているのは、ガレリオが地動説を主張し続けたことで裁判にかけられたということです。ガリレオは一応、公的に自分の非を認めましたが、「それでも地球は回る」とつぶやいたというエピソードとともに、このガリレオ裁判が宗教と科学の対立の典型例として理解されることが多いわけです。

もちろん地動説を唱えましたのはコペルニクスでありまして、彼は亡くなる年の一五四三年、『天球の回転について』という書物を出版しました。それではコペルニクスが最初に地動説を公にした時、教会の反応はどうだったでしょうか。私の所属する学部では四月に新入生歓迎パーティを催します。ある年のクイズ大会の出し物で、私はこんな問題を出したことがあるんです。「コペルニクスが最初に地動説を発表した時の教会の反応はどうだったか。一番、教会から褒められた。二番、教会から叱られた。三番、無視された。さてどれが正しいでしょうか」という問題です。ほとんどの学生は二番「教会から叱られた」と答えました。また、こういうのをわざとクイズに出すからには、引っかけ問題ではないかという、若干気を回した学生は「三番、無視された」というふうに答えるわけです。しかし答えは「一番、褒められた」、これが正解なんですね。新入生歓迎パーティで学生と先生も混じってクイズに参加するのですが、この問題に正解した人は中世哲学の専門家の先生ただ一人だけでした。

コペルニクスがこの書物を出版する前の一五三三年、すでにローマの教皇庁には、コペルニクスが新しいことを考えているということは伝わっておりました。時のローマ教皇クレメンス七世は、このコペルニクスの新しい地動説にいたく興味を抱きまして、枢機卿のニクラウス・シェーンベルクという人を介して、コペルニクスに、是非彼の説を公にするように、ということを伝えております。「もし出版費用の都合がつかない場合は教皇庁としてお金を出すから」ということで教皇庁の後押しで出版したんですね。実際に出版されたのはもう少し後ですが、実はこのような経緯だったのです。

科学史家の研究によりますと、一六世紀においては「天動説も地動説もありうるのだ」ということが学問的には考えられていたようです。もちろん一般人は違います。私たちも普通、空を見て「お日様が動いている」と素朴に思います。当時も、一般の人はそのように思っていたでしょうが、少なくとも知識人の理解としては、学問的には

「どちらもありうる」ということだったようであります。それでは、なぜコペルニクスは敢えて地動説を採ったのか、その理由の一つとして、コペルニクスは「惑星および衛星の運動を、できるだけ完全な円運動として記述したい」と思っていたようです。完全性、永遠の象徴である円運動として記述したい。そういうモチベーションですね。

このようにコペルニクスが地動説を最初に公にした時、彼は非難されたわけでもなく、ましてやその書が禁書リストに載ったわけでもありませんでした。それではなぜガリレオ裁判は起こったのか。その背景を二つ考えたいと思います。一つは中世における学問的な状況です。当時、アリストテレス哲学の用語、概念を使って神学を組み立てるという、アリストテレス主義、スコラ学、これが一つの正統的な学問としてありました。他方、コペルニクスが唱えた地動説の背景にはこれとは異なる学問の流れ、プラトン主義的な思想がありました。そしてそこには太陽崇拝という要素が入り込んでいました。これはそのままではキリスト教信仰と抵触します。そこで当時のプラトン主義の中に含まれていた太陽崇拝とキリスト教信仰を結合させようとする、新しい学問的な流れが出てまいりました。反スコラ的な学問が出てきたということになります。コペルニクスも実際、考え方としては、こちらの方に属していたということです。実際、コペルニクスはその本の中で「太陽は男性で、地球は女性、だから地球が太陽の周りを回るんだ」ということを書いております。ちょっと男尊女卑の匂いがしますけれど、そこは時代的な制約として理解しないといけないとは思いますが。もう一つは宗教改革という背景です。一六世紀は宗教改革が起こりまして、プロテスタントが出てまいります。するとカトリックの側も対抗宗教改革ということで、自分たちの考えは何か、正統的な考えは何かということを、より意識せざるをえなくなってきました。正統的な考えが明確化されるということは、異端的な考えに対してはより敏感にならざるをえないということでもあります。

ガリレオ裁判

次に、ガリレオが事件に巻き込まれる発端となる出来事を二つ取り上げてみましょう。ガリレオは一七世紀初頭、望遠鏡を使って木星の四つの衛星を発見しました。彼はフィレンツェの出身で、当時はパドヴァで活躍しておりましたが、フィレンツェのメディチ家出身のトスカナ大公に彼の本を献呈する形でこの発見を公表し、発見した衛星に「メディチ星」という名をつけました。そしてそのことが一つの理由になって、彼は故郷のフィレンツェに職を得て迎えられることになりました。ところで、木星に衛星があるということになりますと、地球の周りを月が回っていて、その地球も木星と同じようなものなんだという連想をさせますので、これは地動説に対する根拠の一つになるわけです。

もう一つは太陽の黒点の発見でした。これに関しては「ガリレオより、自分の方が先に発見した」と言う人が出てまいりまして、ガリレオはその人と争い合うことになります。学問的な敵対者に対するガリレオの批判はかなり厳しかったようで、必要以上に反感を買ってしまったところがあるようです。そしてガリレオが事件に巻き込まれていく中で、「ハト戦線」というアンチ・ガリレオのグループが結成されてまいります。「ハト戦線」とは、中心人物のコロンバという名が、「ハト」という意味だったので、ガリレオ自身が「ハト戦線」とあだ名をつけたようであります。

さて一六一三年、トスカナ大公が晩餐会を開きます。ガリレオは出席していなかったんですが、ガリレオの弟子が出ていました。そして晩餐会で「ガリレオは地動説を唱えているようだけれども、それは聖書の教えと矛盾しないのか」という質問が投げかけられます。お弟子さんは早速帰って、そのことをガリレオに話したようであります。ガリレオはそれに対する自分の意見を手紙の形で書きました。当時の手紙には、私的な手紙のほかに、手紙の形を通して自分の意見を述べるというタイプのものがあり、この場合には、コピーを公にしてもよかったのです。ガリレオは後者のつもりで手紙を書きました。当然コピーが出回るわけですが、その時、故意に書き換えられたと考えられるものも出回ったようであります。すなわち「ガリレオは聖書を軽んじてもいいんだということを言っている」と。そういう噂が広がりますと教皇庁との関係が悪くなってまいります。

一六一六年、第一次のガリレオ裁判になります。教皇の意見をガリレオに伝えるという形で、ベラルミーノ枢機卿がガリレオを譴責し、「今後は地動説のようなものを公にしない」ということをガリレオに誓約させた、ということになっております。ところがこの第一次裁判には色々問題がありまして、今後地動説を公にしないとしたガリレオの誓約書には彼自身の署名がありません。ということは、これは偽造された可能性がある。反対にガリレオは、「今後、地動説を公にしないなどということは誓約をしていない」という旨の証明書をベラルミーノ枢機卿から与えられております。ということは、教皇庁は一方でハト戦線をなだめ、黙らせるつもりで「ガリレオを譴責した」と表向きは言っておきながら、他方ガリレオに対しては一切の譴責はしなかった、歴史的事実としてはそのようなことだったのではないかと推測されるわけです。そして混乱の原因を七〇年前に地動説を提起したコペルニクスに負わせるという形で事態の収拾を図ろうとしたのではないかと。コペルニクスの『天球の回転について』がなぜ禁書リストに載ったのか、その理由は定かではありません。しかし、一六一六年になって初めてそれが禁書リストに載ったということは、やはりガリレオ裁判に絡んでのことであるという推測を確かなものとします。もっとも、禁書リストに載ったといっても焚書ではありません。初版本は残っておりまして、村上氏によれば、実際にストックホルムに保存されている初版本は、ローマ教皇庁の「間違っている部分を書き換えなさい」という指示通りに大体九箇所くらい墨を入れて書き換えてあるそうです。それによりますと、地動説を断定的に正しいと主張するのではなく「地動説ということもありうる、可能である」と書き改めなさい、という程度の指示だったようです。

第二次ガリレオ裁判

これが第一次ガリレオ裁判だったのですが、事態は収まりませんでした。ハト戦線がガリレオを非難する、ガリレオも応戦するという形で、その後も論戦は展開してまいります。一六三二年にガリレオは『天文対話』を出しますが、その中で「時の教皇ウルバヌス八世がバカにされている」という悪意ある噂とともに、翌年彼は第二次裁判に引き出されます。実はここには、ガリレオの考えの及ばなかった政治的な事情も絡んでいたようです。一つは教皇ウルバヌス八世という人は、以前からガリレオとは親しくて、教皇がまだバルベリーニ枢機卿であった時、ガリレオの才能を買っておりました。そのような、ガリレオにとって近い人が教皇になったわけですから、事態が自分にとって不利な方へ展開するはずはないというガリレオの油断があったのかもしれません。もう一つ、当時イタリアにはアルプス以北の列強が進出してきておりました。ガリレオの活躍していたフィレンツェのあるトスカナ大公国は、ハプスブルグ家がイタリアに打ち込んだ楔みたいな国でありまして、ローマとは政治的に対立関係になります。この図式にガリレオは気づいていなかったようです。

一六三三年、ガリレオは第二次裁判にかけられるわけですが、この裁判のポイント、罪に問われた点とは何か。それは先の裁判でガリレオは「今後、地動説を公にしない」と誓約したにもかかわらず、またしても『天文対話』で地動説に言及しているということでありました。しかし、先に述べたような事情であったならば、そういうことが問われるのはおかしいわけであります。ガリレオにしてみれば、先の裁判の折、「今後地動説を唱えないなどという誓約はしていない」という証明書をもらっているわけですから。このように考えて参りますと、ガリレオ裁判というのは、今日我々が考えるような自然科学と宗教の対立の典型的な事例というより、その実質はもう少し政治的なものであった、ということがお分かりいただけるかと思います。

聖書と自然

それではその後も宗教と科学は対立したことはなかったのかと言えば、もちろんそういうことではありません。一九世紀、進化論が出てきますとやはり対立図式に入ってまいります。しかしここで考えなくてはならないことがあります。仮に両者が対立したとしたら、両者の何が対立したのか。本当にそれは対立していたものなのだろうかということです。たとえて申しますと、二人の将棋の棋士が名人戦を争うといたします。同じ土俵で戦えば、当然二人の間で優劣が決まります。囲碁の棋士同士でも同様です。しかしこれが、将棋の棋士と囲碁の棋士のどちらが優れているかということになると、問題の立て方自体がおかしいわけですね。将棋の棋士と囲碁の棋士が何によって勝敗を決するのか。短距離走で勝負をつけても意味がないわけです。すなわち、「科学と宗教はそもそも同じ次元で、同じ土俵で戦うような関係なのか」ということをまず考える必要があるわけです。

ここでガリレオに戻ってみましょう。ガリレオは自分の考えが教会の教え、宗教と対立するなどとはまったく考えておりません。実際彼はカトリックの信者でした。むしろ自分こそがカトリックを代表する学者であると自負しておりました。もしガリレオ裁判を通して宗教と科学について考えるべき本質的な問題があったとすれば、それはガリレオの思想の中にそのヒントがあります。ガリレオは「神は二つの書物を書いた。一つはもちろん『聖書』であり、もう一つは『自然』という書物である」という考えを持っていました。もっともこの考え方はガリレオに始まったものではなく、中世からすでにこのような考え方はありました。しかし、ガリレオが考えた本質的な問題とは、「この二つの書物の間に矛盾があった時に、それをどう考えたらいいか」ということです。この問題に関するガリレオの考え方は、それぞれの書物の趣旨をきちっと弁えなくてはいけないということです。一方で聖書の方は人間の救いということに関心があるのであって、自然を正面切ってテーマにしているわけではないんだということです。他方で科学は、今日的な言葉で言いますと、自然を数学という言葉で読み解くものであるということです。原因と結果との関係、因果関係というものを明らかにしていくということが自然を読むということなんだというわけであります。そしてガリレオ自身は、これら二つの書物の間に矛盾があるとはまったく考えておりません。なぜなら二つとも一人の神が書いたものだからです。無論聖書は神が鉛筆で書いたというわけではありませんが、一応、神が書いたと理解されました。他方の自然は、神が創造したという意味でやはり神の手になる書物であると考えられました。したがって、一人の方が書いたものとして、もしこれらを正しい仕方で読むならば、そこに矛盾があるとは考えられなかったわけです。

物質と心・魂

このように考えてきますと、今日のオカルトというものの問題性は何なのかということに対しても、一つの理解が得られると思います。一方で、現代では自然科学が急速に発展してまいりまして、自然科学的な記述の仕方には確実性がありますし、特にそれが技術と結びつくと、その正しさを誰しも疑いえないところがあります。科学技術に対する圧倒的な信頼があります。しかし他方で、科学というものがこの世界にある物質的なリアリティ、物質的な側面に光を当てている反面、心とか魂という問題はどこで考えられるのだろうかという思いがあります。心や魂というものも、やはりこの世に確実に存在するリアリティなのではないかという思いであります。そうしますと、一方の科学的な記述に対する絶対的な信頼と、他方の心や魂というリアリティの確実さに対する思いが短絡的に結びつきますと、心とか魂というものも科学的に記述できるのではないかということになってまいります。オカルトが出てくる背景の一つには、こういう構造があるように思います。

話を戻しましょう。我々は色々なジャンルの書物を読むわけでありますが、ジャンルごとにどういう読み方が適切なのか、という問題は常に考えておかないといけないということであります。例えば詩を思い浮かべてみましょう。詩的な表現で書かれたもの、これを果たして数学的な言語を読む時のような読み方で適切に読めるのかという問題です。実はこのようなことは、パスカルがすでに考えておりました。彼は「幾何学の精神」と「繊細の精神」を区別しましたが、人間にはそれら両方が必要であると考えました。今の文脈に当てはめますと、人間の心の問題を表現するには、幾何学的な言葉は不適切である、ということになるでしょう。

村上氏は、現代的な自然科学が理念としても成立したのは一九世紀であると言います。私もその意見に賛成ですが、教科書的に言えば自然科学は一七世紀科学革命を通して成立したということになっております。仮にここでは教科書通りに、自然科学の成立を一七世紀だとしても、今からわずか三〇〇年前のことです。他方の聖書は、新約でも今から二〇〇〇年前、旧約はそれ以前です。桁が一つ違うわけです。聖書が書かれた時代、科学はまだ姿かたちすらありませんでした。そういう時代に成立した書物が、科学の本であるはずがありません。今日の科学者の問題意識、科学的な論理で書かれているはずがありません。歴史的に考えてそうです。しかし人はしばしばこのような肝心なところを忘れるものなのです。そして聖書的な記述が科学的に正しいか否か、というような問いの立て方をするのです。

聖書が表しているもの

ところで聖書を、それが本来表現しようとしていることに目を向けますと、実に興味深く読めるものでございます。例えば、よく知られた創世記の物語を繙いてみましょう。エデンの園で神様から「取って食べるな」と命令を受けた話です。絵画や文学などでしばしば取り上げられる題材ですが、よく西洋の絵画では、禁断の木としてリンゴの木のようなものが描かれていますが、実際に聖書を読んでみますと、赤い実というようなことはまったく書いてありませんし、ましてやリンゴとは書いてないんです。取って食べるなと言われた木の実は何かと言いますと、それは「善悪の知識の木」の実です。これは明らかに象徴（シンボル）です。科学的な表現ではなく、神話的な表現が用いられております。大切なことは、神話的な表現を通して、人間存在に対してどういう次元から光が当てられているのか、そこで描き出されているものは何であるのかということです。

　人間にとって大きなテーマは自由とは何かということです。この話では「神から『取って食べるな』という命令が与えられているから自由じゃないじゃないか」と言われるかもしれませんが、このことは人間とロボットを対比させてみますとよく分かります。私の子どもの頃にはテレビで「鉄人二八号」というアニメを放送していました。少年の正太郎君がリモコンで操作しますと、鉄人二八号が悪いやつをやっつけてくれるという、子どもが好きそうな頼もしいロボットの話です。我々は通常、「ロボットは与えられた命令通りに動いてくれる」という言い回しをします。その時「命令」という言葉を使いますが、ロボットは言葉の本来の意味で「命令」を受け取っているわけではありません。ロボットには与えられた命令に違反する自由がありません。ロボットは「命令」を受け取っているのではなく、言わば電気「信号」を受け取っているにすぎないのです。

　これに対して人間は、命令に従う自由も違反する自由もどちらも持っています。もちろん軍隊などで、この命令に違反したら軍法会議にかけるとか、死刑にすると言われたら命令に従うしかない。だからその場合、人間には自由がないじゃないかと思うかもしれませんが、なぜそこまで強い強制力をつけないといけないかというと、そのような強制力をつけないと人間を思い通りに動かすことはできないのです。そして、たとえそのような強い強制力をつけられたとしても、もしその命令に従うこと以上に価値のあるものが存在する場合には、自分の命を失ったとしても、その命令に従わないという自由を持っているのです。このような自由を持つ人間だけが、命令を信号としてではなく、命令を命令として受け取ることができるというわけであります。

したがって「命令が与えられる」ということは、「自由を持った存在なのだ」ということを意味しているわけであります。この話を考える時に、私はいつもある話を思い出すんです。京都大学には霊長類研究所があります。そこの先生が話してくれたことを思い出すのです。「本能的に生きている動物と違って、人間は進化のプロセスの中で自由というものを得た。それはある状況の下で決まり切った行動しか取ることができない動物とは違って、Aをすることも Bをすることもできる自由を得たということである。しかしそれと同時に、人間はAをすることもBをすることもできるという状況の下で、果たしてAをすべきなのかBをすべきなのかという問いの前に常に立たされる存在になったのだ。常に倫理的な判断、善悪の判断を避けて通れない存在になったのだ」と、そういう話をその先生がしてくれたことを思い出すのです。

宗教と科学の関係

人間は善悪の判断ができる、自由を持っている。そこに、人間のみが自らの行為に対して責任を問われるということがあるわけであります。よく我々はライオンが鹿を食い殺している場面などを見ますと残酷だなと思ったりします。またライオンの雄は群れを乗っ取りますと、そこにいた前の雄の子を殺す、いわゆるライオンの子殺しということが起こります。そういうのを見ると、感情的には残酷だと思うわけですが、別にライオンは悪を行っているわけではない。ライオンは自由を持っていませんから、そのようなことをしたからそのライオンは罰せられるべきだというのもナンセンスです。しかし人間には自由がある。だから善悪を判断しなくてはいけないし、自由を基盤にしてなした行為には責任を取らなくてはいけないということであります。

人間存在の本質を記述する、自由や責任という概念、これらは自然科学の中には出てまいりません。基本的にはリアリティの異なったディメンジョン（次元）を記述しているというふうに考えるべきだと思います。そうすると最終的に「宗教と科学」について考えるべき本質的な問題は何か。例えば人間存在の基本的な概念としてここでは「自由」を取り上げたわけですが、「自由」と対比的な物質的世界との関わりにおいて「人間存在をどう見るか」ということ、ここに問題の本質があると思います。例えば、ある人が犯した事件に関して裁判が行われるという場面を思い浮かべていただきますと、一方では「その人は自由を持っていたんだから、自由を基盤にしてなした行為に対しては責任を問われるべきだ」と検事は言う。他方弁護側はその人の生い立ち、その人が実際の事件の時に置かれていた状況、心神耗弱の状態にあった、というようなことをできるだけ立証しようとしてまいります。「そういう状態にあったのだから情状酌量の余地があるのではないか」と言うわけです。そこに置かれた人間存在というものをどのように考えていくのか。自由という側面から考えていくのか、あるいは別の側面（因果関係や物質的側面）から考えていくのか。人間という存在を考えていく時、宗教的な次元と科学的な次元とが交錯する点を見つめていくことが、宗教と自然科学の関係の本質的なところを考えていくということになるのではないかということであります。

以上で終わらせていただきます。

司会　ただいま今井先生からガリレオ裁判について、これは科学的な事実をキリスト教が抑えたというようなことではないのだ。そもそも科学と宗教とは違った次元、違った問題を採り上げているという指摘をされました。また、人間存在のあり方と科学の関係について話してくださいました。ご質問がありましたらどうぞ。

質問　前半のガリレオ裁判で、ではなぜ、前任者のヨハネ・パウロ法王が「宗教の及ぼした害」ということで謝られたか、その謝りは間違いだったのかどうか。それをお聞きしたいと思います。

今井　前教皇はポーランド出身ということもあって、コペルニクスの問題をきちっと考えたいという気持ちがあったと思います。ローマ教皇庁にも非があったのではないかという考え方を示されたと思います。このことに関して、私は村上氏の考え方は妥当ではないかと思います。彼の説明ですと「確かに前教皇の誠実さ、それは確かにあるだろうと思う。ただし、その時に一七世紀、科学の問題と宗教の問題をごっちゃに考えていたんだ、だから間違いだったんだ、という理解の仕方は果たして正しいのか？」という問いを彼は出しているんですね。先にも話しましたように、一七世紀というのは、通常の教科書的に言いますと、科学革命の時代でありまして科学が成立してまいります。しかし村上氏は今日的な意味での自然科学の成立は一九世紀であると理解するわけです。そうしますと、宗教と科学とがまだ分かれていない一七世紀に「彼らは宗教と科学の問題を混同していたからいけなかったんだ、という理解は必ずしも当たってないんじゃないか」というわけです。これが彼の答え方でありまして、私も個人的な意見として、そのような考え方、歴史の捉え方は妥当ではないかと思っています。

質問　後半の話を、今のアメリカでした時に、ニューイングランドの各州は賛成すると思いますが、サウスの地域にいきますと、かなり反対者が出てくるのではないか。聖書無謬説に基づいて進化論を認めてはいけないとか、神という言葉は使わないが、ＩＤ（インテリジェント・デザイン）という言葉を使うことによって。もう一つはR＆D（研究開発）については神の領域に入るというブッシュの答申とか、自然科学に対するリサーチ、法則性を見つけようとする時に、ある種の政治の介入によって、エヴァンジェリカルの人たち、ブッシュがサポートされている地域の人たちのために、真理の追究が阻害されるという気がするんですが。アメリカという、色んな人たちがいるということにおいて、それは健全な姿なのか、おかしいのか。どう考えられますか？

今井　それははっきりしていると思います。一七世紀であればともかく、二一世紀において自然科学は固有の方法を持った、独立した学問として存在しています。先に、オカルトについて触れましたが、この場合も聖書と進化論を単純に同次元のことであると考えることによって、宗教と科学とを短絡的に結びつけていると思います。また、聖書解釈という観点からしますと、彼らは自らの聖書解釈のみを絶対的に正しいものとしている、これも問題だと思います。聖書解釈は、もちろんどんな解釈でもよいというものではありませんが、もっと自由なもので、ある意味では無限に開かれたものであると思います。

質問　先生のお話になられたことはよく分かりますが、それはあくまでもキリスト教世界の中の話じゃないでしょうか。宗教と科学が衝突しますのは、一神教の天地創造した神というものがある、それを大前提として宗教の下に科学も政治も全部あるわけですね。上位にある宗教に対して、一つ反逆という形、許さないという形で宗教と科学は対立せざるをえなくなる、現代になればなるほど。ところが一方、私が専門にやっています儒教的世界の方では、上にあるのは政治なんです。宗教は下なんです。あくまで宗教は政治のコントロールの下にありますので、宗教と政治がトラブルを起こしたことは確かにありました。しかし政治に宗教は押さえ込まれるんです。横に並んでいる科学と宗教は何も喧嘩したことはないんですよ。それは皆、横並びなんです。上位に政治がある。政教分離というのはヨーロッパの概念だと思いますが、あれは宗教を現実世界から離せと。ところが儒教的世界では政治を宗教から離せということになるわけなんですね。宗教と科学の様々な対立の歴史は、それは一神教的世界の中で必然的に起こった出来事ではないでしょうか。多神教の儒教的世界では政治を優先する。確かに背後には世界創造説はあります。世界を創造したわけの分からない天というものに委託されたのが天子で、これは神と同じなんですが。しかし対立というのは一神教に限定された話なんじゃないでしょうか？

今井　私が今日お話させていただいたのはキリスト教を念頭に置いた上での話ということで、限定的な話としてご了解いただきたいと思います。その上でさらに考えていくとすれば、そもそも宗教の本質をどのように考えるか、という問題があると思います。これは宗教学の重要なテーマで、また話を改めないといけないと思いますが。

ところで、ご質問にありました、一神教であった時に必然的に対立が起こってきたということなのか、という点については、一神教だからというふうには、言えるかもしれませんし、言えないかもしれません。「言えるかもしれない」と言ったのは、なぜ自然科学が西欧において成立したのかという大きな問題と関係があると思います。もし科学が一神教的な土壌でのみ必然的に成立するものであるとしたら、宗教と科学の関係も一神教を背景として出てきた話ということになるかもしれません。他方「言えないかもしれない」と言ったのは、今日お話しましたように、ガリレオは両者を矛盾するとは考えていないわけです（もちろん、先に話しましたように、彼の時代は宗教と科学とは独立したものと考えられていたわけではないのですが）。聖書と自然とは、同じ一人の神様が書いたものなのだから、もし両者に対立が出てきたら、それは人間の側の読み方が間違っている、これがガリレオの考え方でした。したがって、必ずしも一神教だから矛盾するということではないかもしれません。

質問　宗教と科学は対立するか、しないかがポイントだったと思いますが、対立というよりも、かつて宗教、哲学もそうかもしれませんが、宗教とか哲学の領域であったものが現代科学の進展によって、どんどん後退に後退を余儀なくされて、単に宗教、哲学固有の領域として確保すべきものが残されるのだろうかということが、僕の関心からすると、対立というより、その点にむしろ関心があるんですが。善悪とか自由とか、そういうことで果たして防波堤になりうるかなと。宗教の領域がきちんと確保できるかどうか。人間が持つ善悪、自由というもので本当に十分なのか。現代科学の驚異的な進展を見ていますと、それさえ言えないんじゃないかという、そういう気がするんです。

単純なロボットは命令で動いていますが、だんだん知能を持ったロボット、高次の機能を持ったロボットができ始めているわけです。二足歩行ロボットだって命令しなくても障害物があったら避けていく。高次の状況判断ができる。人間のコントロールはアバウトなもので、どういう状況にはどうするということはロボットが判断できるんですね。そういう時代になりつつある。そうするとロボットは自由意志を持っていると言えないことはない。場合によっては善悪の判断ができるかもしれない。利他性を持ったロボットも出てくるかもしれない。そういう時に果たして、善悪とか自由とかで宗教、哲学の領域を確保する防波堤になりうるかどうか。そこは甚だ疑問ではないかと私は思っているんですが。人間の自由と言っても物理学的に見れば脳の神経活動とケミカルなシグナルと物理学的な作用の所産、というと言いすぎかもしれないけど、そういうものと対応関係があって、しかもそちらの方から逆に心をコントロールできる。これは大きな倫理問題ですが、そういうことさえやり始めている。そういうことを疑問に思ったんですが。

今井　初めの、宗教や哲学の領域が後退しているという話ですが、必ずしもそのように捉える必要はないのではないでしょうか。もともと哲学の中から発展してきた科学が、現在では固有の方法を持ち、独立してきた。そしてその方法で多くのことが明らかにされてきた。現代では科学の発展に目覚しいものがありますから、どうしてもそれと比較して哲学が後退しているように見えるかもしれませんが、哲学は哲学なりに発展していると思います。ただ、それに携わる人の数から言えば、科学者の方が圧倒的に多くなっているということではないでしょうか。

次にロボットのことですが、私の話の中ではリモコンで動く「鉄人二八号」の例を出しましたが、やはり私の子供時代に「鉄腕アトム」という番組がありました。こちらは、自分で考えて自分で行動できます。確か、自分の意志を持ったロボットたちが「人権」を主張するというようなお話も、その中にあったと思います。このような場合には「何を人間と考えるか」が問題だと思います。鉄腕アトムのようなものが出てきたら、それはもはやロボットではなく、人間と考える方が妥当かもしれません。二足歩行ができるくらいではとても人間と考えるわけにはいかないでしょうが、問題は、ロボットが何かしでかした時に、その責任をロボットに問えるのかというところです。仮に自由や責任が人間の本質だとして、もしそのロボットに責任を負わせるのが妥当であるとしたら、それはもはや人間と考えるべきではないか、ということです。

最後に、人間の自由といっても物理的・化学的なプロセスと対応関係にあるというような話ですが、それはその通りだと思います。人間の精神といっても、身体とまったく無関係ではないのですから。問題は、精神的なことと物質的なことの間に関係があるとして、それでは精神的なことのすべてを、物質を記述する言葉、科学で記述できるのかということです。もちろん科学者は科学でもって、できるだけ多くのことを解明し記述しようと努力する、それは当然だと思います。しかし、この世界のリアリティをすべて、自然科学で解明し記述できると考えるとしたら、それはもはや科学ではなく、一つの信仰、言わば科学信仰というものであるということは自覚しておかなくてはならないことだと思います。今日私がお話したことは、宗教と科学、それぞれの次元を認めた上で、それらが交錯する点、例えば人間においてこれらが交錯する点を見つめることが、宗教と科学の関係の問題を深く考えることになるということでした。

質問　命令というのが成立するのは、その前提として自由意志があるからだということですが、アダムとイヴが木の実を食べる前から「あれを食べたらいけない」と神様に命令されていたということは、食べる前から自由意志を持っていて、不確実性に悩んだり、善悪について悩んだりしていたということになると、話としては矛盾するのではないかと思ったんですが。

今井　命令を命令として受け取っているということは、すでに自由を前提としております。先の話では、その命令に違反して善悪の知識の木の実を食べてしまったということでしたが、自由があり命令を受け取っているということは、すでに食べる以前から善悪に関する知識があったということで、これは矛盾しているのではないか、というお尋ねだと思います。確かにそうです。これは神話ですから、哲学のように論理的な記述ではありません。むしろ素朴な描写でもって人間の本質的な部分を描いているところに面白味があると思います。

しかしさらに一歩踏み込みますと、この話に論理的な飛躍があることが、実は意味を持っているという解釈もできます。すなわち、善悪の知識の木の実を食べる前後、あるいはエデンの園という楽園追放の前後に飛躍があるということが、人間存在の独自性を表現しているということです。人間は、他の動物などと同様自然と一体となっていた状態、善悪ということのない状態から、不可避的に善悪の判断をしなければならない存在となった。ここに論理の飛躍があるということは、これら二つの状態が質的に異なる状態であり、それぞれの次元を記述するには、それぞれ独自の言語を必要とするということです。先の話で言えば、一方は科学的言語であり、他方は宗教的言語であるということです。

司会 まだご質問があるかと思いますが、ここでこの公開講座は閉じさせていただきたいと思います。どうもありがとうございました。

第2回　社会に潜むリスク

中谷内一也　リスクと向き合う

——人々のリスク理解をサポートするための提言——

新山陽子　食の安全と消費者

「リスクと向き合う――人々のリスク理解をサポートするための提言――」　食品や大気、飲料水に含まれる化学物質には人体に有害なものがあり、一歩外に出れば、交通事故や犯罪に巻き込まれる可能性もある。山歩きをしているうちに遭難する人もおれば、スキーをしていて雪崩で命を落とす人もいる。私たちは常にリスクにさらされている。そういった様々なリスクを私たちはどのように認識しているのであろうか。この問題を取り上げてきたのがリスク認知と呼ばれる研究分野である。講演では、リスク認知研究の基本的な知見を紹介しながら、マスメディア報道の特性と相まって、私たちのリスクの捉え方はどのようなものになりがちかを説明する。その上で、うまくリスクと向き合うための社会的な工夫――リスクのモノサシ――を提案する。

「食の安全と消費者」　食品の安全確保にはどのような手立てが必要か。化学物質や病原性微生物など、健康に悪影響を与える様々な要因があり、これらはハザード（危害因子）と呼ばれる。しかし、それらの物質は健康へ悪影響を与える毒性を持つ一方、人間生活に必要な便益を持つものもある。また、自然界にあって完全になくせないものもある。いずれも量によって影響が異なる。バランスや量を考慮した対策が必要であり、そのためにリスクをベースにした科学的なデータに基づいた対策を採る、ということが世界的な流れになっている。

食品のリスクとは、フードチェーンのリスク管理の方法、消費者に何が求められるか、についてお話ししたい。

リスクと向き合う
――人々のリスク理解をサポートするための提言――

中谷内一也

リスクコミュニケーションで強調されるポイント

本日は一般の方を対象にした公開講座ということですので、できるだけ気楽に、クイズなどをしながら進めていきたいと思います。よろしくお付き合いいただければと思います。

最近、リスクコミュニケーションという言葉がしばしば使われるようになってまいりました。食の安全、原子力関連施設の運営、化学物質の管理の問題、いろいろなところでリスクコミュニケーションという言葉が使われます。リスクについての情報や意見を遣り取りすることをリスクコミュニケーションと呼ぶのですが、ここでいつも強調されることが二点あります。一つは「リスクコミュニケーションはリスク情報の共有が大事なのだ」ということです。行政や専門家が一般の人に向かって「ＢＳＥに関してはこれくらい安全なんだ」とか「タミフルはこうだ」と一方的に情報を与えるものではなく、一般の人の懸念、不安についても関係者間で理解し合い、その上で、リスクについての情報を双方向的に遣り取りする。リスクコミュニケーションは、このように「科学的な情報を一方的に与えるものではない。〝共有〟が重視される」ということです。もう一つは、「定量的な視点が重要である。危険か、安全かということではなく、どの程度、危険かという視点が大事だ」ということです。つまり程度の問題です。リスクという概念を使う場合に、これは大事なことであります。危険か、安全か、白黒つかないような物事に関して、人命を損なうことが明らかになってしまってから対処するのでは遅い。そこで、それ以前に白黒か分からない状態の時に、取り敢えず黒とおいて、黒さの程度がどのくらいか、どの程度の灰色なのかに応じて対応していこう、できるだけ事前に対応していこうというのが、リスクという概念を使う時のポイントです。したがって安全か危険かという二分法で見るのは基本的にまずいと考えるわけです。危険だから一切のものを禁止するとか、化学物質を使わないとか、輸入農作物を使わないとなると、私たちは生活できません。白か黒かの二分法ではよくない。程度で考えることが大事だということもリスクコミュニケーションで、しばしば強調されることです。

以上をまとめるとリスクコミュニケーションでは、定量的なリスク情報を、一般国民を含めた関係者、つまり、政府、企業、国民、行政等々の関係する人たちで、共有することが大事だということになります。ところが、一般の人にとって定量的な問題としてリスクを捉えることは、あまり簡単ではない。一般人はマスメディアから情報を受けます。研究者は学会に行ったり、論文を読んだりしますが、危険性とか安全性に関しては、一般の人はメディアから情報を受け取る。メディアはしばしば危険か安全かという二分法的な情報の送り方をする。よく使われる言葉に「絶対に安全とは言えない」というのがあります。それを聞いてしまうと「絶対に安全とは言えないんだから危険、避けておこう」と思う。危険か、安全か、という定性的な受け止め方を導くような報道が多い。危険物が漏洩していた時、よく聞かれるのが「直ちに健康に影響が出るような量ではない」という表現です。ここでも、基準以上か、以下か、ということが強調される。以下だったら大丈夫、以上だったらバタバタ人が死ぬというニュアンスで、ある一定の基準を越えると真っ黒、それ以下だったら真っ白という判断の仕方を促すような報道の仕方が多いことは問題だと思います。

定量的な判断が難しい理由は、メディア報道の特性以外に心理学的な問題もあります。定量的な判断、程度問題でものを考える方が、白か黒かと二分法で考えるよりも「認知負荷」が高い。この場合の認知負荷というのは頭の労力です。ものを考えるのがしんどい。「人は役に立つか、立たないか、どちらかだ」と二分法で考えて「あの人は役に立たない。だから使わない」という見方をするのは、楽です。それに比べて「彼の能力はこれくらいだ、だからこういう時にはこの程度の使い方をしよう」という捉え方は認知的な労力、精神的な労力がかかる。今回のテーマは日常のリスクですが、ところが、私たちはそんなこと以外にもいろいろ心配しないといけないことがあるわけです。家庭生活、子どもの学校生活のこと、阪神タイガースは来年どうなるか。大事なことがいろいろとありますので、一つひとつのことに関してじっくり定量的に判断する余裕はない。そこで一般の人々は社会的に出会うことに対して認知負荷の低い、直観的な方法で、量的な判断を下さざるをえないことになります。ところが直観的な判断は正攻法ではないですね。正攻法は量的に、より正確な、合理的な判断を目指すものですが、それに対して、私たちがエイ、ヤッと直観的な判断を下す時には、直観的判断特有の歪み、偏りが生じます。それについてお話をしていきたいと思います。

直感的な確率評価

犯罪が最近、大きな問題になっています。大体、年間で強盗は約六〇〇〇件発生していています。では、ここで問題をお出ししましょう。人質立てこもり事件は年間何件くらい起きているか。空き巣はどれくらい起きているか。身代金目的に誘拐する事件はどれくらい起きているか。自動車泥棒は年間何件くらいあるか。いかがでしょうか。直観で気楽にお答えください。正解を言いますと、人質立てこもり事件、身代金目的の誘拐は年間、一桁です。一

○件を越える年はほとんどありません。でも、多くの方は何十件、何百件と過大に推定してしまいます。一方、空き巣は直観では一万件でも多すぎるかなと思うかもしれませんが、実は警察が把握している数では、一〇万件近くあります。自動車泥棒も警察の統計データでは三万六〇〇〇件近い。ところが、一般の人の推定値では、数千件か、せいぜい一万件という回答が多いようです。つまり、空き巣や自動車泥棒は過小評価されているわけです。こんなふうに滅多に起こらない小さな事件を私たちはどちらかというと多目に見積もって、警戒しないとけいけない発生頻度の高いものは少な目に見積もる傾向があるのです。

こういう直観的判断の偏りは昔から知られていまして「年間で、アメリカで自動車事故で亡くなる人が五万人いる」という手掛かりを与えた上で、「ボツリヌス菌中毒で命を落とす人が年間何人いるでしょう」「天然痘はどうでしょう」「胃ガンはどうでしょう」「喘息はどうでしょうか」と、色んなハザードについて年間の死亡者数を尋ねてみる。すると、やはり犯罪について見ていただいたのと同じように、それによって死ぬ人はほとんどいないハザードでの死亡者数は過大視され、逆に、たくさんの人が亡くなっているものについては過小視されている、そんな傾向が過去のアメリカの研究で報告されています。

こういった傾向は、理論的には「プロスペクト理論の重みづけ関数」と言われるものに大体一致します。プロスペクト理論は二〇〇二年にノーベル経済学賞をとったカーネマンと、その時には亡くなってしまっていたトゥベルスキーの理論です。受賞したのはノーベル経済学賞ですが、カーネマンとトゥベルスキーの二人は心理学者です。彼らは既存の経済学のモデルに対してノーを言った。経済学の理論か当てはまらないというだけだったら、いろんな人がそういうことを言っているのですが、従来の理論に代わる新しい考え方を提示したことで高く評価されました。トゥベルスキーさんには同志社大学で日本心理学会を開いた時、学会で招待して来ていただきました。僕もその時に接待しましたので思い出深い人です。

二人は何を考えたか。彼らの言う価値関数は従来の経済学で言う効用関数に対応するものです。そして、重みづけ関数が確率に対応する要素です。私たちがリスクに関係する事柄を判断する時、確率と、結果の程度に基づく価値、この二つの要素で私たちは判断とか意思決定しているというのが基本的な考え方ですが、今ここで話題にしたいのは、確率についての話です。確率についての見立て方、確率情報を使って私たちが物事を判断し、意思決定する重みづけの仕方にちょっと歪みがあるという話です。どういうことかと言いますと、客観的な確率がゼロであるといわれれば、主観的な判断への重みづけもゼロになります。確率がゼロなら「絶対そんなことはありえない」と判断する。ところがゼロからちょっとでも離れて「ゼロではない」となると主観的な重みづけはジャンプアップしてしまいます。ところが、その後、確率の低い範囲の中で、確率が上がったり、下がったりしても主観的にはほとんど動かない。ということは「低確率領域での変化に対して私たちの主観は鈍感だ」ということを意味しています。

具体的にどんな例があるでしょうか。

皆さんは年末ジャンボ宝くじを買いますか？　買う人に「何でそんなのを買うの？　金の無駄だ」と言うと「ほとんど当たらないことは分かっている。でも買わなかったら絶対当たらない。買ったら当たる確率はゼロではない」。ゼロではないけど、ほぼ無視していいほどのゼロに近いんですけども、ゼロではない。「当たらないことは分かっている」と言いながら「当たったらマンションを買おう」とか「嫁さんには内緒にしよう」とか、いろんないらんことを考えるわけです。「ゼロではない」ということを、かなり大きく見ている。そして、その宝くじで一億円当たる確率が一〇〇億分の一か、一〇億分の一か、一億分の一かというのは、どれくらい宝くじを買うことに影響があるでしょうか。ほとんど影響はないと思うんです。ところが、客観的には一〇億分の一と一億分の一で一〇倍違う。一〇〇億分の一と一億分の一では一〇〇倍違う。一〇〇倍も違うにもかかわらず、私たちはそれに対して鈍感だということです。

このことはリスクマネジメントの現場で仕事をされている方々にとっては、かなり深刻な話ではないかと思います。というのは死亡確率を一〇万人に一人だったのを一〇〇万人に一人にするために大変な労力や時間、コストをかけている。にもかかわらず一般の人は、あまりそのことを評価してくれないことを意味しています。

一方、中程度、高程度の高さの確率に対しては、どちらかというと過小視する。客観的確率1に対する主観的な重みづけは1なんです。一〇〇%絶対起こるということに関して、私たちの判断への重みづけも一〇〇%起こることとして捉えられます。ところが一〇〇%ではない、けれども非常に高い確率というのは、主観的には、一〇〇%と比べると大きく重みが下がるということです。ですから「この手術の成功率は一〇〇%」であれば安心できる。ところが「この手術は非常に成功率が高くて九九%」と言われると、その低下する一%を大きく感じるということです。学生が就職活動していて縁故があるとします。知り合いの社長が「私が社長だから任せておけ。一〇〇%、君の就職は保証してやる」と言われると安心できますが、「私は社長だから九八・五%はOKだ」と言われると「あとの一・五%はどういうことだろう」と不安になってくる。

このような関数は人間の確率に対する、あるいは、ある一定の頻度で起こる事象に対する、捉え方の基本なんです。先ほどご紹介したような、犯罪だから、たまたまああいう結果が得られたというわけではないと考えられます。これが、今日お話しする心理的な私たちの直観的な判断についての特徴の一つ目です。低頻度の出来事は過大視する。高頻度確率は過小視するということです。

判断のヒューリスティクス

次に「ヒューリスティックス」について紹介しましょう。私たちは物事をあまり正攻法で考えない。単純化して、その代わり素早く判断を下す。一つひとつのことを正攻法でじっくり考えるほど私たちは暇じゃない。そのため独特の判断の仕方であるヒューリスティックスを用いる。このために直観的判断が大外れはしないが、正確ではない。ヒューリスティックスには、いい訳語がなくて簡便法とか言われることがあります。

ここで次のクイズをします。次の表でたくさんの人の名前が出てきますから一生懸命覚えてください。五秒だけお見せして、パッと消します。はい、どうぞと言ったら出ていた名前を答えてください。いいですか。（ここで男女七名の名前がランダムに並ぶスライドを提示する。女性は有名女優ばかりで、男性は知名度の低い名前ばかりであった）はい、では、問題を変更します。男の名前と女の名前どっちが多かったでしょうか？　男性の名前が多かったと思われる方、手を挙げてください。じゃあ、女性の名前の方が多かったと思われる方、手を挙げてください。女性の方が多かったと思われる方が圧倒的に多いですよね。本当の正解は「男女同数」、七名ずつです。でも多くの人が女性と感じたのはなぜでしょうか。それは女性の方が、有名人が多かったからです。有名人でインパクトがある人たちです。ところが男性の名前はあまり一般には知られていない、ラグビーの選手たちです。こういった差があって、女性の名前の方が多いと判断してしまいやすくなるのです。

では、次の問題。日本で、一年間にサメに襲われて亡くなる人は何人でしょう。さて、どうですか？　正解は平均して四、五年に一人いるかいないかです。まして海水浴場でサメに襲われて命を落としたというのは日本では一人も記録されていません。いないけれども、学生にこういう問題を出すと、「年間一〇人」とか、ひどい人は「一〇〇人」といった答えが出てきます。なぜかというと「ジョーズ」とか、ドキュメンタリー番組でのイメージが湧くわけです。今の学生はジョーズが封切られた後に生まれたはずなんですが。音や映像が頭に残っている。ドキュメンタリー番組でサメが獲物にバッと食らいついているのを見たことがあるのでイメージしやすいと思うんですね。

私たちはイメージしやすいものは、たくさんあるとか、しょっちゅう起こるというふうに思ってしまう。そういう判断の仕方をする。これは「利用可能性のヒューリスティクス」と呼ばれる判断の仕方です。こういったヒューリスティクスを使うことはある意味では合理的と言えば合理的です。なぜかと言えば、しょっちゅう接して、出会うからこそ記憶に刻まれてイメージしやすい。イメージしやすいから、しょっちゅうあるんだとか、たくさんあるんだと思う。そんなふうな判断の仕方はうまくいくこともある。けれども、このヒューリスティクスを使うと、滅多に起こらないことだけどもやたらインパクトが強くイメージが浮かびやすくなっていると、しょっちゅう起こっていることと誤解してしまうことになります。

ほかにもいろんなヒューリスティックスがあります。例えば「投錨と調整のヒューリスティックス」。ここに厚さが一ミリのボール紙があるとします。一回折ると厚さは何ミリですか。二ミリですね。もう一回折ると厚さは四ミリ、もう一回折ると八ミリ。では、厚さ一ミリのボール紙を一五回折ったら厚さはどれくらいになるでしょう。直観的に想像してみてください。どうですか？　一般的には三〇センチとか、一メートル、という回答が多いのですが、実は三二メートルになります。より正しい答えは「無理」で、現実的にはありえないことになります。初期値が一ミリで、一回折るごとに二倍になり、一五回折ると二の一五乗ミリで、三二メートル。でも私たちは数十センチとか一メートル程度と考える。なぜかと言うと、一回折って二ミリ、二回折って四ミリ、三回で八ミリ、四回で一六ミリ、五回折っても三二ミリ。せいぜい数センチ。この調子であと一〇回やってもせいぜい一メートルくらいだろうと。つまり一連の情報処理が必要な時、私たちは最初の情報で最終的な答えを「ここらあたり」と落としどころを決めるわけです。決めてしまって、後の情報は調整程度にしか使わない。一連の情報の最初の部分で錨を投げてしまう。碇泊する場所を大体、ここらへんと決めてボシャンと錨を投げる。その後の情報は調整程度にしか使わないので不十分になってしまうのが「投錨と調整」というヒューリスティクスの意味するところです。

でも、これも役に立つと言えば役に立ちます。情報処理をしないといけない時、たくさん材料がある時、一つひとつをニュートラルに考えるのではなく、最初のところで「この人はこんな人」「この会社はこんな会社」とメドをつけて、その後の情報処理をすることはよくあることです。私たちの労力を少なくするには役に立つ。けれども後の情報が十分に活用されないことになります。これもリスクマネジメントの現場でリスクコミュニケーションをする人にとっては、ある意味で深刻です。最初、問題が起こって「リスクはこれくらい、危険性はこれくらい」と判断しないといけない時には不確定な要素が多い。その後、新しい知見が増えてきたり、新しいデータが入ってきたり、研究成果が上がって修正される。チェルノブイリの原子力発電所の事故で何人の方が亡くなったか。今後、何人が亡くなるだろうと予測する時には修正がされるわけですが、最初に言われたデータから私たちはなかなか逃れることはできないことになります。他にも色々あります。様々なヒューリスティックスを使いますので、私たちの判断や意思決定は必ずしも合理的にならないことがあるわけです。

明示されたリスクの過大評価

三つ目に話題に入っていきましょう。次のクイズは死亡率の問題です。「毎日かかさずタバコを一箱吸う人が一〇〇人いるとしたら、そのうち何人が肺ガンで亡くなるでしょう」。どうでしょう。今、取り敢えず何人と直観で決めておいてください。続いて、別の条件で出題します。「一口にガンと言っても胃ガンや乳ガンなど様々あります。近年、日本では大腸ガンが増えています。脳卒中のような脳血管系の疾患で死ぬ方もいる。心筋梗塞のような心臓病で死ぬ方もいる。交通事故で死ぬ人もたくさんいるし、最近では特に中高年の方で、自殺で亡くなる方も多く、社会問題となっている」ということを考えていただいて、さあ、欠かさずタバコを一日一箱吸う人が一〇〇人いるとしたら、そのうち何人が肺ガンで死ぬでしょう。さっきと比べてどう思われていました？　後の話を聞く前に推定していた数よりも、話を聞いた後では人数が減る。多くの人はそうなるのです。ここでは、答えの数値そのものはどうでもいいんです。まあ、だいたいのところで言うと、日本で年間亡くなっている人が一一〇万人、厚労省の統計で、肺または気管支のガンでなくなる方が五万人程度です。四%くらいが肺、気管支のガンで亡くなっているので、喫煙の有無にかかわらず一〇〇人いたら四、五人は肺や気管支のガンでなくなっている。ですが、ここで問題なのは、最初、例えば、「一〇人」と考えていた人が、後の話を聞くことによって「五人」というふうに下げる。いろんなことを知ることによって推定値が下がるということです。ところが、後で付け加えた情報を知らなかった人がいるのか、というとそんな人はいないはずです。ガンには胃ガンがある、乳ガンがある、大腸ガンがある、自殺する人もいれば交通事故で命を落とす人もいる。そんなことを初めて知ったというような人は、まずいないわけです。誰も知っていることです。けれども、それをはっきりと言われないと、そのことを考慮しない。そのことを考慮して、タバコによる肺ガンのリスクを推定してはいない。逆に言うと単独の問題だけ出されて「これによって死ぬ人がどれくらいいますか。この問題はどれくらい危険なことだと思いますか」と聞かれると、単独で出されたものについてのリスクを過大視するということです。ほかにいろんなリスクや死亡原因があるということは、頭の中にあっても、あるリスクの大きさを判断するときには使われないということです。「特定のものに焦点を絞って情報を提示されると、それを過大視してしまう」という判断傾向があるわけです。このクイズはフィッシュホフという人たちが提案した課題を少し改変したものです。彼がつけた名前は「Out of sight, Out of mind」。格言ですね。身近に接しなくなると、それまで仲良く兄弟のようにやっていたような人でも忘れてしまう。「去る者日々に疎し」。彼らはその格言をもっと直接的な意味で使っています。「視界にちゃんと提示してくれないと、音とか目が見える形ではっきり情報として明示してくれないと、私たちは知っていることでも判断の材料にあまり使わない。逆に提示されている情報だけで、ものを考えるので過大視する」ということです。これも言われてみると、その通りだという効果ではないかと思います。

マスメディアの姿勢と直観的判断

これまで三つの話をしてきました。一つ目が「重みづけ関数」で「低確率事象、低頻度事象を私たちは過大視する」。それから「利用可能性ヒューリスティックス」。これは「イメージしやすいもの、印象深いものは過大視する」ということ。「去る者日々に疎し効果」は「提示されたものだけを考えて、それを過大視する。提示されていないものは、当たり前の事柄でも考慮しない」ということ。これらの、私たちの心の仕組みとしてもともとあることと、マスメディアの報道の仕方とが合わさると、どうなるか考えてみましょう。

まず、一つはメディアにとってニュースバリューがあることはどういうことか。誰でも知っている事柄にはニュースの価値がない。つまり、ニュースバリューがある情報とは、あまり起こっていなくて、あまり知られていない情報です。つまりその時点では発生頻度が低く、知られていない出来事を記者は追うわけです。また、特定の問題に焦点を定めるのもマスメディアの普通のやり方です。おそらくこれからインフルエンザが流行ります。タミフルの副作用の問題が出てくると思います。その時、タミフルの副作用で何人の方が亡くなっているか、特に、若い人に副作用があるのではないかと問題になっていますが、タミフルの副作用の大きさを報道する時に、相対化するために「二〇代の人が亡くなる最も大きな原因の一つは自殺です。また、交通事故で死んでいく人はこれくらいです」といった情報を合わせて伝えたりするでしょうか？　ＢＳＥに感染して命を落とすリスクがあるということを報道する時の記者が「ＢＳＥは深刻な問題ですが、日本人全体で亡くなるとしても何人くらいで、一方、交通事故で一万人近く死んでいます。ガンで死んでいる人は三〇万人います」と相対的に危険性を伝えることをするでしょうか？　そんなことはせず、特定のターゲットに絞って報道しているはずです。

さらに、画像や映像を駆使してインパクトの強い報道をしようとする。狂牛病の問題で言えば国内で第一感染牛が発見された時に、牛がフラフラとふらついてペシャッとしゃがみこむ映像を見たと思います。強く印象づけられますよね。町工場が火事になりましたというだけではあまりニュースにならない。町工場が火事になったのを近所の人がハンディカメラで写していて、爆発や消火作業の生々しい様子を映像で紹介できる時はニュースになります。つまり、メディアは画像や映像を駆使してインパクトの強い報道をする。例えば、飼料に抗生物質が使われていて、その問題が報道されることがある。私も、テレビを見ていて「これはまずいんじゃないか」と思った例があります。それは「鶏の飼料に過剰に抗生物質が使われていて人間の健康に影響があるのではないか」とスクープする番組でした。どんな映像を使っているかというと、倉庫の中で羽根をむしられた鶏がいっぱいぶら下がっている。その光景が〝ドドーン〟という効果音と一緒に映し出される。しかし、この光景は抗生物質の危険性と何の関係もない。抗生物質が使われず、地べたで機嫌よく育っていた鶏であっても、屠殺されて羽根をむしられてぶら下がっているのを見たら、誰だって気持ちが悪い。抗生物質とは関係ないところで、インパクトの強さを高めようとしてそんなことをやっているわけです。

「映像、画像を駆使してインパクトを強くしよう」というのは「利用可能性ヒューリスティックス」と結びつくことで、リスクを過大視させることになる。「あまり知られていない、あまり起こっていないことに焦点を当てる」ことも「重みづけ関数の低確率領域が過大視される」こととマッチする。「去る者日々に疎し効果」でみるように「特定のものだけを示されると私たちは過大視する」ということにも報道の仕方はマッチする。こういうふうに、心の仕組みとマスメディアの報道姿勢とが合わさって、私たちが特定のリスクを過大視することが多くなるわけです。

ここで私はマスメディアを攻撃しようと思っているわけではありません。確かにマスメディアの報道の仕方には問題があるかもしれませんが、なぜメディアがそういう報道の仕方をするのか。それは、人の心にアピールするからです。人の心の側にリスクを過大視するような仕組みがあって、それが狙われているということです。

メディアの報道によってリスクを過大視する。その上、私たちが生きている日本の社会は基本的に選択肢の多い豊かな社会です。例えば雪印乳業の食中毒事件が起こった。その時に消費者がパニックに陥っているという言い方がされるのですが、「本当だろうか?」と思うんですね。というのは雪印が危険と思えば、毎日牛乳やコープ牛乳を飲んでもいいわけです。深刻に受け止めてパニックになっているのは企業とか行政だけであって、消費者一人ひとりは、ちょっとでもリスクが高いと思えば、別の選択肢がありますから、その商品を買わなくていいわけです。BSE感染牛発生時もパニックになったのは消費者ではなく、行政、畜産業者、焼き肉屋さんであったと思います。消費者は別のタンパク源を選べばいいだけのことです。ということで、私たちはマスメディアの報道のあり方、心のあり方によって小さなリスクを過大視しやすい。そして、過大視されたリスクを簡単に避けられる選択肢の用意された豊かな社会であるので、表面的なパニックが導かれやすい。こういった状況に対して、私は、「だから仕方がない、放っておくしかない」というのではなく、だからこそ、政府やリスク管理機関はリスクの程度をうまく伝えるための工夫が必要だとずっと考えてきました。リスクの大きさを示す数字だけをポンと与えて「後は消費者が考えなさい、自己責任です」と言うのではなく、数字の意味を把握しやすいような形でリスク情報を伝える工夫がいるんじゃないか。それにもお金や手間や労力を投入すべきだと考えています。

リスクのモノサシの提案

その一つの方法として提案したいのが「相対化」です。新しい事物、新規な初めて聞くようなリスクについての程度を知るための方法として有力なのは「すでに知っているものと比較する」ことだと思います。例えば、殺人事件が起こった時の報道で、よく凶器の刃物がタバコのハイライトの箱に並べられています。ハイライトが誰でも知っている比較基準として使いやすいからです。あれを見ることで「犯人は小学生なのに、これくらいのでっかいナイフを学校に持っていっていたのか」とびっくりするわけです。すでに知っているものと相対化するのは、程度を伝えるためのよい方法です。実はリスクの問題でも、それがされていました。"risk comparison（リスク比較）"と言います。ですが、結局は、あまり受け入れられませんでした。なぜか。リスク比較では「あなたが原子力発電所の隣で一年間過ごすことは、ここから車で一マイル運転することより何倍か安全なんだ」という言い方をする。このような言い方をする時には「原子力は安全だ」ということを言いたいためにわざわざ、それより危険なものを比較対象にしていた。つまり、恣意的に比較対象が設定されて、何らかのハザードをより安全に見せようとするために比較という手段が使われていた。そのような恣意的なやり方が人々に拒否されたということになるかと思います。

具体的な最近の例を挙げましょう。BSEの問題でアメリカからの輸入牛がストップしていた。それが解禁されて輸入された時、取り除かねばならなかった脊柱が混入していました。当時は小泉政権でしたが、すぐに輸入が再ストップされました。直後にアメリカから農務次官がやってきまして、「今回のことをお詫びする」と言っておきながら、アメリカ産の牛肉を食べてBSEに感染する確率というのは、車に乗ってスーパーに買い物にいって交通事故で死ぬ確率よりよほど低いと発言しました。それは間違っていないけど、その発言を聞いて、「おっしゃる通り、じゃあアメリカ産の牛肉を買いに行こう」という気には、まずならないと思います。消費者からすると、「言っていることは正しいかもしれないけど、説得しようという意図が見えるから、そういうものには乗りたくない」という気持ちになると思います。

リスクを伝える時、すでに知っていることで相対化することは、いいやり方なんですけど、今までは恣意的だったから受け入れられなかった。私は、それだったら恣意的でないフェアな形で、比較の仕方を工夫したらどうかと思うわけです。恣意的にその都度、比較基準を変えるからだめなんだったら、一定化させればいい。標準化させる。

表1　リスク比較セット

ガン	250
自殺	24
交通事故	9
火事	1.7
自然災害	0.1
落雷	0.002

（10万人あたりの年間死亡者概数）

表2　クボタ旧神崎工場500 m圏内居住歴女性の中皮腫リスク

ガン	250
自殺	24
工場周辺居住女性の中皮腫	**12.9**
交通事故	9
火事	1.7
自然災害	0.1
落雷	0.002

（10万人あたりの年間死亡者概数）

特定の比較基準をセットにしておく。すごく低いリスク、すごく高いリスクをわざと出すのではなく、幅広いモノサシとして一定のリスク情報をセットとして設定し、常にこれを使う。リスクが大きかろうが、小さかろうが、使うモノサシは常に一緒というふうにして、情報の送り手が、伝えようとするリスクの大きさをこの中に位置づけて示したらいいんじゃないか。政府や行政、企業がリスク情報を出す時の資料として率先して利用して、メディアにも利用を促したらいいのではないかと考えています。

具体的な提案を示しましょう（**表1**参照）。日本人が最も多く命を落としている原因がガンです。一〇万人あたりに換算すると二五〇人です。自殺する人がその一〇分の一くらい。交通事故は、一つオーダーが下がる。滅多にないような事故に出会った時「雷に当たったと思うしかない」という言い方がありますが、最も起こらないものと、一番よく起こるものとの間に、できたらオーダーを一つずつ〇・〇一、〇・一、一、一〇、一〇〇というふうにしたかったんですが、そんな都合のいい死因はないので、こんな形でどうだろうかと考えました。この表を使って、いくつかのリスクの大きさを表現してみましょう。

例えばアスベストのリスク。尼崎のクボタの旧神崎工場周辺五〇〇メートルで居住歴のある女性のうち中皮腫で亡くなっている人が何人か。数字を単独で出されても、それが多いのか少ないのか判断しにくい。そこで、一〇万人あたりに換算して表の中に当てはめるとどうなるか。**表2**のようになります。尼崎神

表3　牛肉を食べることによるBSEのリスク

ガン	250
自殺	24
交通事故	9
火事	1.7
自然災害	0.1
落雷	0.002
牛肉食による vCJD	＞0

（10万人あたりの年間死亡者概数）

表4　入浴による死亡のリスク

ガン	250
自殺	24
交通事故	9
入浴中の水死	**2.4**
火事	1.7
自然災害	0.1
落雷	0.002

（10万人あたりの年間死亡者概数）

崎の旧クボタ工場近くに住んだことがあるだけで、交通事故よりより高く、自殺よりは低いリスクを、近辺の女性達は背負ったということになります。リスクのモノサシを使うことで、このように程度が分かるということです。

ＢＳＥ牛肉を食べることによって新変異型クロイツフェルト・ヤコブ病にかかって死ぬ確率が日本でどれくらいか。厚労省のホームページではいろんなシナリオの悪い部分を重ねて、日本全体で多くても〇・九人。そういうのを**表3**のようにモノサシを当てて見ると雷に打たれて死ぬよりも低い確率だということが分かる。でも、ゼロといってはだめです。安全だと言い切るのはまずい。リスクという概念を使う以上、すべてのものが危険であり、その程度がどれくらいかを問題にしなければならない。問題とするリスクがきわめて小さくても、「ゼロではないが、きわめて低いから気にしなくていい」という表現が重要なのではないかと思います。

逆に、ほとんど警戒されていないで、危ないものはたくさんありまして、お年寄りなどでお風呂に入っていて溺死する人はかなり多い。その場合のリスクはどれくらいかというと**表4**のようになります。こうやってみると火事よりも風呂で死ぬ人が多いんですね。「火の用心」と町内会が歩いてくれますが、「火の用心」と言うくらいだったら「風呂用心」と言わないといけないくらい、実は危険だということです。

タミフル服用のリスクなども、こういうリスクのモノサシというセットの中で示した方が、副作用がどれくらい危険か、そもそもインフルエンザ脳症で亡くなるリスクと比較してどうなのか、を考えることができます。このように、標準化された同じセットの中に入れて、リスクの大きさを自分で判断するようにした方がいいのではないかと思います。

ただし、これをモノサシと考える場合、批判があると思います。どんな批判があるか。最初に考えられる批判は、このモノサシはいろいろな死因で一〇万人あたり何人死んでいるかに基づいていますが、これに対するものです。つまり、「リスクを考える時に、命を落とさなければそれでいいのか」という批判です。死なないけれども健康を害する、人間には影響がないが、動植物に影響がある。そういった、環境影響を考慮しないのか、という批判があると思います。これに対する私の回答は基本的にこのモノサシは分かりやすさが大事で、人命が何よりも大切だから、まずは人命をエンドポイントにした、ということです。本当は違うやり方の方がいい面があると私も思っていますが、それは後から話します。

次の批判は、この表は様々な行為の結果としての死亡を表現しているだけで、特定の行為のリスクを表していないというものです。ガンというのはリスクではない。火事もリスクではなく、結果として、それによって死ぬことがあるハザードです。リスクというのは、小さい子どもがいるのに平気でマッチをおいておくという〝行為〟にリスクが伴うわけです。交通量の激しいところを、信号を無視して歩くという〝行為〟に交通事故死のリスクが伴うのです。したがって、先の図そのものはリスクではない。これは平均的な生活をすることによってどういうことになるかという、リスクの結果の程度を並べたものです。それでもリスクの程度を伝える上で役に立てば、それでいいんじゃないかと私は考えています。

また、別の批判としては、何人死んだという年間死亡統計を使うよりも「損失余命」、これは、それで寿命を何日縮めているかという統計的な値ですが、その方が適切ではないか、という批判も考えられます。これについては私もそう思うのです。というのは、最初に挙げた批判にも関係しますが、直接それによってガンになって死ぬわけではないけれども、リスク計算すると平均的な人がそのハザードにさらされることによって、何日寿命が縮まるかという値を算出することができる。これのいい点は、問題とするリスクによって急にコロッと死ぬわけじゃない、というようなリスクについてもちゃんと、どの程度の大きさかを把握できるというところです。年間死亡率よりも損失余命の方が指標としてはいいと思いますが、一般の人にとって分かりやすいことが、ここでの提案ですので、わかりやすさを提案した一〇万人あたりの年間死亡率を用いているのです。

その他、モノサシは一元的で歪みのないことが大事なので、ガンとか自殺、火事という要素から構成されると、それぞれの事象に特有のイメージに引きずられて、モノサシとしての一元性が必ずしも保証されない問題もあると思います。この問題に対しては、分かりやすさを重視しながら、どういうふうなセットをつくるのがよいか、社会調査をする。そして、最も判断を歪ませないようなものを選定することによって、よいものがつくられるのではないかと思います。標準化されたモノサシによってリスクを表現することをやったらどうか。こういうことをやっている国はまだないですし、これからリスクに向き合う日本の社会として取り組んでいくことが大事なのではないか、と提言している次第であります。

どうもありがとうございました。

質問　必ずしもリスクと思っている人と、そう思ってない人がいる。もっと自由でいいのではないかと。そういう時にリスクをどのように捉えたらいいのかを教えていただければと思います。

中谷内　リスクを扱う文献で、必ず枕詞のように出てくるのが「リスクの概念が曖昧である」ということです。ある人はそれをリスクと捉えるが、別の人はリスクという捉え方をしないことはあると思います。リスクの概念は曖味なんですが、敢えてそこで集約して使われるのは、リスクは二つの要素から構成されるというものです。一つは結果の深刻さ、結果のひどさの程度。社会全体から見ると一〇人亡くなるとか一〇〇〇人亡くなる、ということ。戦争になって何人亡くなるという「結果の深刻度」。もう一つの要素が「確率」。何%の確率でそうなるか。個人の場合では、命は一つしかないので、一〇〇〇人死ぬとか一〇〇人死ぬとかではなく、自分自身が一〇〇〇万円失うとか、一〇〇〇円失うとか、ガンになるとか、胃潰瘍になる、時間を失うといったような、様々な損失、健康、財産、生命の損失が結果の程度に当たります。もう一つの要素が確率です。自分が胃潰瘍になる確率はどれくらいか、というようなことです。

ある物事を見る時、同じものを見ていても「確率」として捉える人はリスク的な見方をしているといえます。ところが、「ある」という可能性がゼロでない以上、それの備えは万全にすべきだという人にとってはリスク論的な見方にはならない。ある事柄が必然的にリスクになるかということではなく、リスクとして見るか、見なさないかは人それぞれだし、対象によっても変わってくると思います。政治的な二大政党制を日本にとってリスクの高い制度だと思う人もいれば、リスク云々という見方をするものではないという見方をする人もいるということです。

リスクという概念で判断しようと思えばできるということでも、うまく進まないケースもありえます。専門家が「これは命を落とす確率が一〇万分の一です。こっちだったら一〇〇万分の一です。一〇〇万分の一の方がリスクは低い、無視していい程度じゃないですか」と言っても、「その一〇〇万分の一が、お前の子どもだったらどうするんだ」という言い方をされると、どうしようもない。リスク管理の現場の人は事故の確率をできるだけ下げようと努力しているし、実際に何かの災害が起こった時の被害者の数を下げるために努力している。けれども、いくら確率が高かろうが低かろうが、自分に当たってしまうと自分の命は終わりだということになる。確率的にものを見ないことになった場合には、コミュニケーションは難しいものになる。

お尋ねの「相手にリスクをどういうふうにして分かってもらえるか」ということに関しては、一つは、分かってもらえるとか、分からそうというのではなく、こっちが聞く姿勢を持つことが処方箋として挙げられます。リスクコミュニケーションでも、それが重要視されています。実際に東海村で放射能漏れの事故があった時、放射線関係の研究所の人たちが地域住民のところに説明に行ったんです。「あなたの被曝量はこれくらいでリスクはこれくらいで」と。でもその時、最初に指示されたのは「いきなり説明するのではなく、まず住民の気持ち、意見を聞きなさい」ということでした。それを聞いた後だったら、こっちの言うことも聞いてもらえる。一方的にこっちが言いたいことをだけを言うことは相手に拒否されるだけだと。実際に出向いた人の話を聞くと、おばあさんから嫁と姑の確執とか、放射線と関係ない話を延々一時間くらい聞かされて、「そんで、今日、あんた何しにきたの?」となる。それはいいことかどうかは分かりませんが、少なくともこっちが言おうとしていることについて聞く耳を持ってもらえるようになったということです。分かってもらおう、伝えようとする前に相手の言い分を聞こうという姿勢が大事ではないかと思います。

質問　とかく「自分は別だろう」という考えがありますが、崖の上で景色がいいからと家を買い、天変地異で崩れたりしているのを知っていながら、私は大丈夫だろうと。ついそう思うんですが、皆さんに共通の意識で、どうなるものでもないんでしょうか。工夫すれば客観的に見られるようになるんでしょうか。

中谷内　それは難しいですね。「楽観バイアス」、自分には関係ないという Not me 効果というものがあります。これの強く現れるのがタバコだとされます。特に統計的に「これくらいのリスクだ」と言われても納得してくれない。そういう人に納得してもらうには具体例を見せることがいいようです。近所の誰を誰々さんはいつもタバコを吸っていたから肺ガンになったと実例を示すことが統計を示すことよりも効果がある。研究者とはしてやりきれないと思いますが、一〇〇のデータベースより、一つの身近な例を示すことによって、楽観バイアスはかなりなくなると思われます。

司会　リスクをどんなふうに捉えるかという問題では、普遍的な要因の部分と、文化などのような違いのある部分とがあるのでしょうか。例えば、一般論と、近親者の場合とでは、重みのかかり方に違いがあるのですか。データがあって、確率が掛け算だとすると、掛け算の要素は社会心理学的な要因は独立して分けられるものなのですか？

中谷内　根本的なところは共通だと思います。この手のことで質問されるのが「アメリカ人と日本人は違うでしょう」と。基本的には理論の当てはまりはそう変わらないんですが、数字そのものが違っていることがあります。例えば、リスクについての認識は男性と女性を比べると、女性の方がリスク認知度が高い、危険と思いやすいと言われてきた。理由として挙げられるのが、女性は産む性だからというものでした。ところが、ちょっと前に日米調査をすると日本は相変わらずですが、アメリカでの調査は原子力も放射線もタバコもドラッグも、女性の方がリスク認知が低い。女性が産む性であることは変わっていないので、時代の影響、文化的な影響でリスク認知が変わってくることがあると思います。文化的な要因はある。ただ、理論の基本的なところの、当てはまりはかなり普遍的だと思います。

司会　ありがとうございました。それでは拍手で感謝申し上げて終わりたいと思います。どうもありがとうございました。

食の安全と消費者

新山陽子

はじめに

今日のお話は三つの内容を予定しています。食品事件の状態、なぜそれが続発するのかという背景。食品安全確保の考え方。最後に食品安全をめぐるコミュニケーションと消費者の役割についてです。私の研究としては消費者行動の調査をしておりますので、そのお話をさせていただこうと思っていたのですが、与えられたタイトルが「食品の安全と消費者」ですので、やはり、そもそも食品の安全をどう考えればいいいか、その話を抜きにはできないことと、この二、三年の間に食品安全確保の手法が大きく進みましたので、それをご紹介したいと思ったことがあり、この二つにかなり時間を取らせていただくことになると思います。

食品事件の続発とその背景

表1はよく使うもので、食品安全が大きな問題になり始めた九〇年代半ばから最近までの大きな事故をリストア

表1　先進諸国で食品事件が続発する新たな社会状況

1996年	★O-157集団食中毒	（堺市学校給食／岡山，大阪で患者数約１万人）
98	★O-157食中毒	（醤油漬けイクラ／東京，千葉，神奈川，富山，大阪）
99	□ダイオキシン汚染騒動	（所沢，埼玉産野菜の販売に影響）
99	★サルモネラ菌食中毒	（イカ加工品／46都道府県で患者数約1500人）
98/99夏	★腸炎ビブリオ菌による食中毒（魚介類，全国で）	
99	（東海村核燃料施設の臨界事故）（地元農産物の販売に影響）	
00	★黄色ブドウ球菌毒素による食中毒（雪印加工乳，近畿地方患者数約１万5000人）	
00/夏	多数の食品に異物混入，大規模な自主回収	
00	△未審査遺伝子組み換えトウモロコシ	（「スターリンク」食品に混入）
01	★O-157食中毒	（牛たたき，千葉，埼玉，神奈川などで患者発生）
01	△未審査遺伝子組み換えジャガイモ（大規模な回収）	（「ニュー・リーフ・プラス」スナック菓子に混入）
01	○BSE（牛海綿状脳症）発生 → 食品安全基本法 食品安全行政機構改革（2003年６月）	
02	表示偽装事件（BSE検査前国産食肉買上事業への虚偽申請）	（食肉など多くの品目で次々発覚）
	□無許可食品添加物の使用	（加工食品であいつぎ発覚）
02	□基準以上の残留農薬	（中国産野菜であいつぎ発覚）
03	表示	（アレルギー物質）
	○アメリカのBSE発生による輸入停止	
	○アジアの高病原性鳥インフルエンザによる輸入停止	
05	○（高病原性鳥インフルエンザの発生）	（風評被害，近畿で消費が４割減少）
06	表示偽装の発覚（洋菓子の賞味期限表示）	
07	中国産食品の多面的な安全性問題，ミンチ原料等の表示偽装の発覚	

ップしたものです。★印で示したのが食中毒事件、原因は病原性微生物です。○印は人畜共通感染症です。高病原性鳥インフルエンザは過去のデータから見る限り、食品の安全性には影響はありませんが、大きな騒ぎになり風評被害が生まれました。□印で示したのが化学物質の汚染によるものです。△印は未認可の遺伝子組み換え物質の混入です。こういうふうに並べますと、大きな食品事件が頻発していることとともに、消費者の方は農薬残留や食品添加物など化学物質の安全性を気にされますが、実際に起きている事件は病原性微生物を原因とした食中毒の方が多いということです。

　そのような中で、BSEは世界的な騒ぎになり、食品安全の考え方を抜本的に見直すきっかけになりました。日本でも、食品安全基本法が制定され、行政機構の改革がなされたのは、まだ記憶に新しいところです。

■表示偽装と食品安全

今、表示偽装が相継いで告発されています。「食品表示」は小売の食品ラベルに記載されているものを指しますが、これは消費者が食品を選択する時には不可欠のものです。目で見て分からない、どこの産地のものか、どんな成分が入っているか、消費期限などが文字で示されています。消費者が食品の質を知ろうとした時に不可欠の情報です。しかし現在、大きな問題だと感じるのは「表示問題」と「食品安全問題」がごっちゃになっているのではないかということです。メディアの報道もそうです。

どういうことかと言いますと、表示事項の中には健康への影響に関連する情報もあれば、健康には直接関係しない情報もたくさんあります。健康に影響を与えるのは、例えばアレルギー物質の表示です。ソバアレルギーの方は少しのソバ粉を含むものを食べると、悪くすると死に至る高いリスクがあります。これは食品安全に関わります。ところが産地の表示や原材料でも牛肉を使っているか、豚肉を使っているか、これ自体はどこの産地であっても、牛であっても、豚であっても健康への悪影響はありません。表示を適切にすることによって食品安全が確保されるわけではありません。もちろん豚肉と牛肉は値段も違い、牛肉と思っているのに豚肉だったというのは信頼を裏切ることになり、取引公正という点ではまったく許されません。

このように表示内容の性格の違いを混同しないようにしなくてはなりませんが、表示の適切さの確保については単なる精神論はもちろん、倫理意識の高揚だけでは不十分であり、表示ミスや逸脱行為を防ぐ担保となる措置が不可欠であろうと考えています。

■食品事故の背景

では食品安全問題をどのように考えるか。なぜ大きな事件が頻発するのか。昔は食中毒といえば、衛生状態が悪いところで起こると考えられていましたが、大規模な食中毒の発生はむしろ新しい社会状況であり、先進国に共通します。それは、危害因子は一〇〇%排除できない、多くは利益を私たちに与えてくれるか、悪い影響を与えるかはメダルの裏表であり、摂取する量の問題だということです。例えば、食品そのものは大切な栄養源ですが、食べすぎは生活習慣病の原因になり、食事の状態は現代の大きなリスク要因です。

化学物質に消費者の方は敏感ですが、利益と健康への悪影響の両面があります。必要な時期に適量の農薬を使わないと虫などの害が大きくなり必要な生産量が保てません。適量の使用が守られず農薬の残留が多いと健康に悪影響を与える。利益と悪影響は、使用される量と作用の関係に依存します。むしろ危険なのは薬です。もともと飲まない方がいい。薬の効果は健康への作用があるからこそ生まれますが、作用が大きくなりすぎると副作用という悪影響になる。薬は危険なものであって少しだけ飲むことによって他の悪影響（病気）を与えている要因を抑えるわけです。

人間が意図して使用する化学物質は、使用の方法を守れば、まず危害は防げます。ところが、微生物は人間の意思の外にありますから制御が難しい。しかも人間も家畜も微生物と共存し、私たちの体内には多くの微生物がいて体内の環境をコントロールしています。突然変異によって強い病原性を獲得することもありますが、だからといって微生物を排除すると私たちが生きていけないことになります。

検査などの技術的な制約もあります。最後には、ヒューマンエラーが一〇〇%防げない危害因子として残ります。可能な限りの予測にたって対応措置を採っても人間がミスを起こすことがあります。安全管理が進んでいる航空機や原子力などの分野で最後に残る問題は人間のミスになるそうです。

このようなことを考えますと危害因子を一〇〇%排除はできない。常に危害因子が存在するということを考えて対応しないといけない。これまでそれが十分できていなかったと考えられるようになりました。

もう一つは「社会経済的な要因」です。かつてはある程度の限られた量を、限られた範囲で流通させて消費していましたが、現在は大量に生産して広く流通させます。貿易の自由化により、国境障壁も低くなりました。一旦、事故が起こると非常に広範囲に広がります。危害因子を持った蚊が飛行機に乗って飛んでくることさえあるわけです。しかし、このような社会経済構造を昔に戻すことはできません。

このような自然科学的状況、また社会経済構造により、食品事件の多発があります。大変対処が難しく、決して一過性の問題ではありません。大げさに言えば人間の英知をしぼって対応しないといけないという問題だといえます。

食品安全確保の思想と手法

ではそれに対して今、どう考え、どのような手法を採るようになったか。基本的な食品安全確保の思想は、人間の生命と健康を優先すること、科学を基礎とすること、関係者相互の十分な情報交換と意思疎通（リスクコミュニケーション）に基づくこと、決定のプロセスを透明にすること。また、農場から食卓までの距離が非常に遠く、何段階もの事業者が間に入って食品を供給しているので、この全体を通して統合的な管理していくこと、これらが今日の考え方になっています。これらを進めていくために、「リスク」という考え方を導入することになりました。

■リスク概念の導入

将来の起こりうる可能性を予測し、事前に予防措置を講ずる、これがリスク概念導入の趣旨です。ただリスクへの対処策を講じたからといって安心はできない。「リスク処理は次なるリスク処理を生む」と、社会学者のアルミン・ナスヒが言っています。なぜなら、現在の決定は将来を完全に予測できないもとでなされているからです。したがって、今最善と判断して導入した新しい技術が新たなリスクを生む可能性があるというわけです。しかし、かといって手をこまねいていることはできないので、常に次なるリスクを予期しながら対処していくこと、また、ある程度はリスクを受容して共存していくことも考慮すべし、ということではないかと思っています。

まず、「リスク」ですが、食品の分野では、「食品の中の危害因子によってもたらされる健康への悪影響の確率と重篤度」（Codex）と定義されています。確率とは、将来どれくらいその事柄が起こりやすいかという可能性を意味します。「危害因子」とは、「食品に悪影響を引き起こす可能性を持った食べ物の中の生物的、化学的、物理的な作用を引き起こすもの、または食物の状態」を指します。食物の状態には、高塩分の食事、脂肪の多い食事なども含まれます。

では、食品の安全確保とは何か。よく口にされますが、食品安全とは何か、食品の安全を確保するとは何かをきちんと説明できる人は少ないのではないかと思います。リスクは定義されていますが、食品安全についての定義は国際的にもありません。定義しない理由があるかと思いますが、あえて定義するなら、リスクの概念を使うことが必要かと思います。かつてはリスクをゼロにすることが目標とされていましたが、ゼロにはできません。食品安全確保とは、「リスクを社会的に許容可能な水準に制御すること」になろうかと思います。

日本は「ゼロリスク症候群」だといわれます。ゼロにできないことはすでに理解いただけたかと思います。リスク低減の費用からみても、一般にはゼロに近づくほど一単位の低減費用は高くなるでしょう。そこにだけ多くの費用を投入するより、他の危害因子に由来するリスクの低減に費用をまわした方がいい。社会の資源は限られていますので、それを配分するバランスを考えなくてはならない。社会的に許容できないほどの健康への悪影響を与えないとなれば、共存した方がいいのではないかという考え方です。

▒国レベル、現場レベルの管理手法

リスク低減のためにどのような対策を行うか。一つには国レベルの対策があります。科学的なデータを収集して

分析し、それに基づいて規制措置や検査方法などの管理措置を決める。また、利害関係者の間のコミュニケーションに力を入れる。この一連の仕組みを「リスクアナリシス」と呼んでいます。日本では二〇〇三年の「食品安全基本法」により導入されました。食品安全基本法ではリスクアナリシスという言葉は使っていませんが。もう一つ必要なのが、生産流通現場の対策です。実際に食品をつくる生産や流通の工程で、危害因子を削減するということです。そのために望ましいとされているのが、農場や工場レベルで食品衛生規範を導入する考え方です。農場の衛生規範はGAP（Good Agricultural Practice：適正農業規範）、工場ではGMP（Good Manufacturing Practice：適性作業規範）といいます。さらに、特に重要な危害因子に集中的な管理を行う「HACCP」（Hazard Analysis Critical Control Point）というシステムがあります。現場ではこういうものが奨励されています。日本では食品衛生法によりHACCPが奨励されていますが、欧州連合では農場ではGAPの導入、工場ではHACCPの導入が二〇〇五年からすべての事業者に義務づけられました。

また、リスクアナリシスの仕組みや、衛生規範、HACCPの仕組みは、Codex委員会が定める国際標準に基づきます。Codex委員会はWTO（世界貿易機構）の下で衛生基準を作成する機関です。衛生保護措置が国毎にバラバラだと貿易の障害になりますし、高いレベルの衛生保護措置を採りますとそれが貿易障壁になる可能性もありますので、国際的な標準でならしていこうという考え方で、Codex委員会がその役割を果たしています。

■リスクアナリシス

まず、国が行うリスクアナリシスですが、三つの要素からなる仕組みです。一つは「リスクアセスメント」、この言葉は翻訳しないで使うという申し合わせになっているようです。訳すと微妙にニュアンスが変わるからです。リスクも翻訳しない方がいい。危険というと確定的現象を指し、意味が違ってしまいます。リスクアセスメントは敢えて翻訳すると「リスクの査定」となるでしょうか。日本の食品安全基本法では「リスク評価」と呼んでいます。

図1　微生物学的な Codex の基準設定の考え方

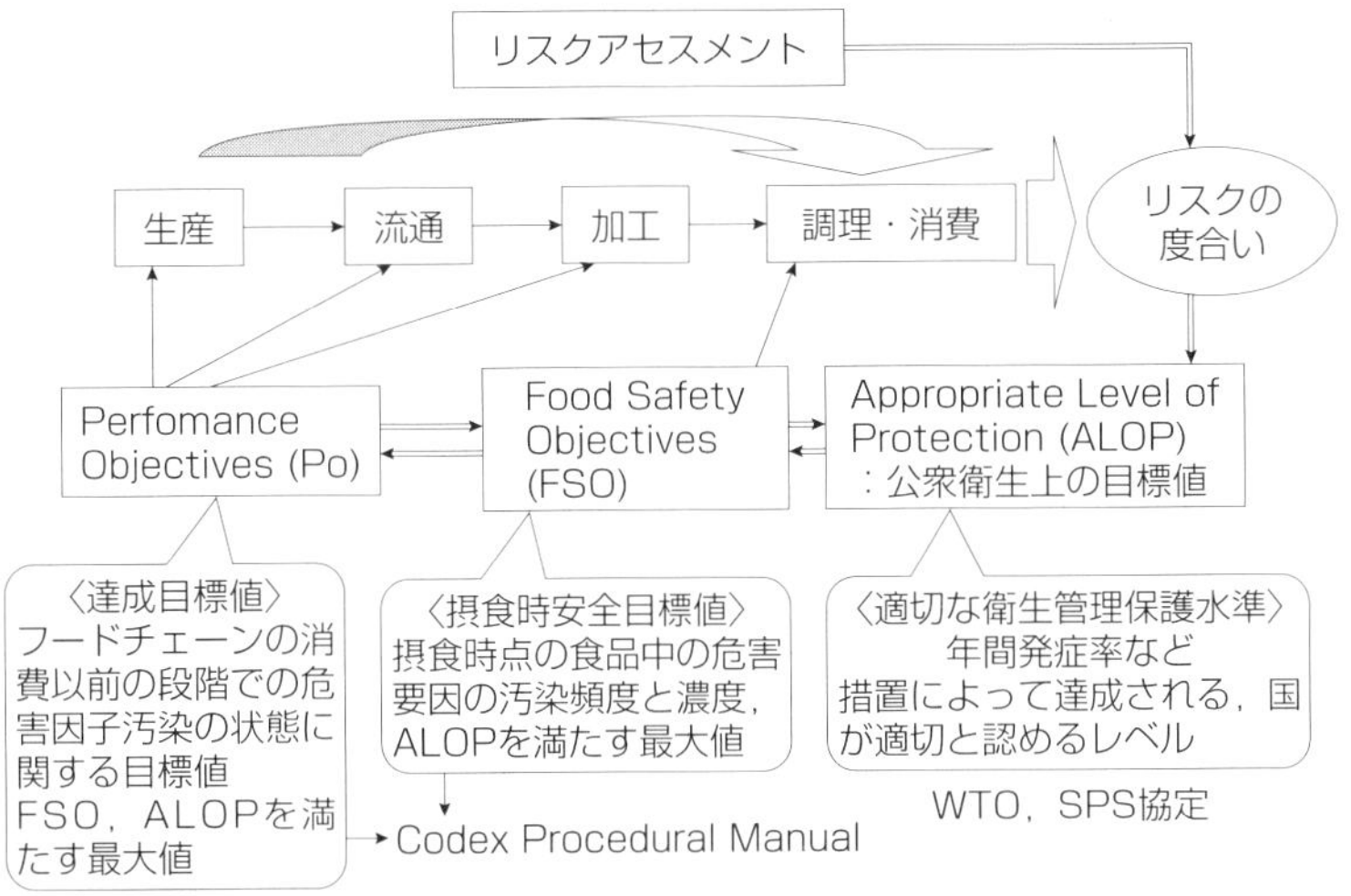

（出所）春日文子「食品媒介有害微生物のリスク評価について」，Codex Procedural Manual をもとに作成。

ある特定の危害因子についてどの程度のリスクがあるかを科学的に査定することを意味します。自然科学者が行う作業になります。

「リスクマネジメント」は、規制措置や施策が必要かどうかを判断し、必要な場合には、適切な措置や施策を策定し、実行、是正していくことです。

アセスメントとマネジメントの二つの要素は機能的に分離（独立）させ、かつ連携させるという難しいことが要求されています。リスクアセスメントは日本では食品安全委員会の役割であり、リスクマネジメントは農林水産省や厚生労働省の役割として分担されています。

もう一つの要素は「リスクコミュニケーション」です。すべての利害関係者の間でリスクとそれに関連する情報を交換し、意思疎通を図っていくこととされています。アセスメントの専門家とマネジメントの専門家同士、それから消費者や企業、あらゆる関係者の間で情報の共有と意思疎通を図っていくということです。もともと、リスクコミュニケーションは他の二つの要素と同等に扱われていましたが、良好にコミュニケーションが図られる

図2　食中毒データを基にした用量-反応曲線（FAO / WHO のサルモネラのリスクアセスメント）

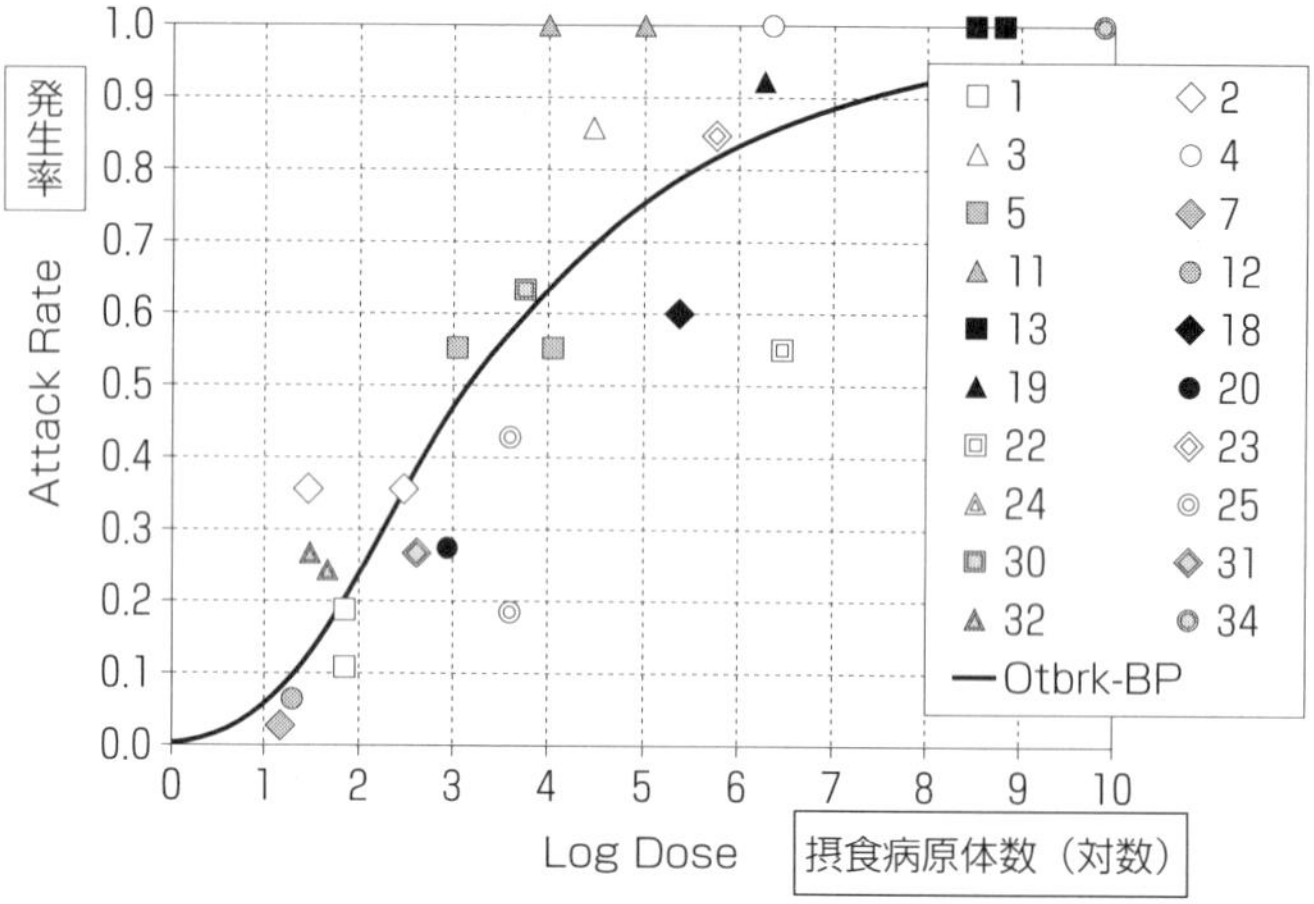

（出所） FAO/WHO, Risk assessments of Salmonella in eggs and broiler chickens, MRA Series 1 & 2より。

かどうかが、マネジメントを成功させる鍵であるということから、現在ではリスクコミュニケーションに他の二つの要素を包み込むような構造で捉えられるようになってきました。

リスクマネジメントとリスクアセスメント

微生物と化学物質とではアセスメントの仕組みも異なりますが、微生物のアセスメントは前頁の概念**図1**のようになります。フードチェーンが長く、農場や漁場から始まって、処理、加工、小売店での販売まで、さらに家庭や外食店での調理までのプロセスがあります。その各段階での菌数や汚染の頻度を、サルモネラ、リステリア菌など重要な病原性微生物について科学者たちが計測します。色々な国でのサルモネラ菌の汚染度のデータを取って、実際に口にする菌数がどれくらいか、それによって病気が発症する確率がどれくらいかというデータをプロットしていきますと、上の**図2**のように、口にする菌数と発症確率の関係が推定できます。このように各段階で調べて最終的に口に入るところでリスクの度合いがどうかを査定します。

推定された摂取菌数と発症確率の下で、それに対してどのような措置を講じていくか。ＡＬＯＰ（公衆衛生上の目標値となる適切な衛生管理保護水準：年間発症率が指標）をどのように設定するか。社会的に許容可能な水準、どのくらいの発症率なら許容できるかを、コミュニケーションしながら国が決めていかなくてはなりません。それを基に、摂食時の安全目標値（FSO）、摂食時の食品中の危害因子が、どれくらいの濃度で、どれくらいの汚染頻度であれば許容されるか、を定めます。その出口が決まると、フードチェーンのそれぞれの段階で汚染をどの程度減らしていくかという目標値がつくられ、それに基づいて各段階で衛生措置が取られることになります。

汚染の性質は、ものによって違います。「意図せざる汚染」と「意図して使用する物質による汚染」とでは措置が異なります。消費者の方々が気にされるのは、農薬や食品添加物などの化学物質ですが、これらは人間が意図して使うものです。農薬は作物の病気を防いだり、害虫の発生を抑えるために、どの程度の濃度でいつ散布するか、意図して使います。添加物も、保存性を高め、腐敗を防ぐために、必要な量を意図的に使います。これに対して、病原性の微生物の動きは人間の意思の外にあります。化学物質でも、土壌や空気などの環境中の汚染物質は、人間活動の結果ではありますが、意図したものではありません。こう考えると、消費者の方々が気にされる農薬や添加物は、「意図して使うもの」ですから使用を規制し、使用時に規制を守れば、リスクを許容限度に制御することが可能です。論理的に考えると、これはコントロールしやすい。使用時点で閾値内（健康に影響がでないレベル）に抑えておけば、その後の過程で増えることはありません。ところが微生物は、様々なところにいる可能性がありますから、農場で出荷した時には清浄でも、その後、流通して小売店のバックヤードや棚に置かれている時に、温度管理が不十分だったりするなど扱いが悪ければ、その段階で微生物の汚染や汚染の拡大が起こります。フードチェーンの各段階で周到な制御が必要で、こちらの方が難しいということになります。

意図して使用するものは、難しいリスクアセスメントによらなくても、一日あたり許容可能な摂取量を設定できれば、そこから遡って使用基準を設定することによって制御に必要な措置は採れます。意図せざる汚染の方が、先に見た病原性微生物のように複雑なアセスメントやマネジメントを行わないといけないわけです。

意図して使用する農薬などの化学物質とその残留規制について見ましょう。化学物質の残留による食品の汚染の状態については、汚染濃度の低い方から高い方まである頻度の分布が描けます。この状態に対して、汚染物質の低減を図るためには二つの手法があることが、農水省の説明資料により示されています。一つは、基準値を設定することによって、基準値以上の汚染濃度の高い分布部分を除去する方法、もう一つは、農産物生産や食品製造の衛生規範を設けて、全体の分布の状態を汚染の低い方に寄せる方法です。この二つを組み合わせることによって、汚染の低減を図るためのコントロールが可能になります。

まず、基準値設定の効果から見ましょう。厚生労働省の二〇〇一年の残留農薬の検査結果です。国産品と輸入品について、三二〇種類の農薬について検査した五三万件の結果があります。農薬が検出されたのは輸入品が多いのですが、全体では検査数の〇・五%に留まり、そのうち基準値を超えたのはわずか〇・〇一%です。国産では農薬が検出されたのは九一七件で、基準値以上は八件のみです。実際に農薬が基準値以上残留しているケースは少ないのです。

それに対して病原性の微生物を原因とする食中毒はどうかというと、かなり頻繁に起こっています。厚生労働省資料によれば、複数の自治体にまたがったり、あるいは数百人から一万人以上の患者が出たりするような、大規模・広域的な食中毒が、一九九八年頃から毎年ほぼ複数回発生しています（**表2**）。また、小売店で販売されている野菜や食肉が、病原性微生物にどれだけ汚染されているか。厚生労働省の汚染状況調査によると、サルモネラには、肉はかなり汚染されており、野菜も汚染されています（表略）。汚染をどういうふうに減らしていくか、防いでいくかの措置が必要になります。

表 2　主な大規模・広域食中毒事件

主に，食肉，魚介製品，弁当

時期	場所	原因食品	原因物質	患者数	関係自治体
H17. 5	大阪府（仕出屋）	給食弁当（小松菜とエビとコーンのあんかけ）	ウェルシュ菌	673	4
H15. 1	北海道（製造所）	きな粉パン	ノロウイルス	661	1
H13.12	山口県（製造所）	生かき	S. Sonnei（赤痢菌）	13	7
H14. 6	福島県（仕出屋）	弁当	S. Enteritidis	905	1
H15.11	長崎市（飲食店）	弁当又は食事	ノロウイルス	790	10
H13. 3	栃木県（製造所）	牛たたき等	EHEC	195	9
H12. 6	大阪市（製造所）	加工乳等	ブドウ球菌	13,420	23
H11. 8	北海道（製造所）	煮かに	腸炎ビブリオ	509	7
H11. 3	青森県（製造所）	イカ乾製品	サルモネラ属菌	1,634	46
H10. 5	北海道（製造所）	いくら醤油漬け	EHEC	49	11
H10. 3	大阪府（製造所）	三色ケーキ	S. Enteritidis	1,371	4
H 8 . 7	堺市（学校）	貝割れ大根	EHEC	7,966	1

（出所）厚生労働省資料。

今までお話ししたのは国の対策ですが、それを受けて、基準値が決められ「この段階ではこういうことが必要だ」となった後、農場や製造工場でどうするか。以前は、入ってくる原材料のリスクを減らす、そのために原料検査をする、善良な管理をして（製造工程では特定点で衛生基準に基づく外部検査を行う）、最後に製品検査を行う、抽出検査を行って統計的に安全だと確認されたら出荷するということをやっていました。しかし、特に微生物の汚染は、このような方法ではコントロールできないということが分かり、「工場内部の工程を管理していくことか重要だ」と考えられるようになってきました。工程制御によりリスクを減らしていくということです。

■農場や食品工場の衛生管理手法

食品の場合はフードチェーンの各段階を通じて、それを実行していかなくてはなりません。

工程の制御の方法として、衛生規範の実施があります。GAP（適正農業規範）、GMP（適正作業規範）といった衛生管理の規範を導入する。また、重要な危害因子を重点的に管理するＨＡＣＣＰ（危害分析・重要管理点監視方式）を導入する。ＨＡＣＣＰの導入にはそのベースとして衛生規範の確立が必要です。衛生規範とは、施設や設備の配置や構造の整備（入荷したままの汚染の可能性があるものを扱う汚染区と、製造工程を経て清浄な状態にある製品を扱う清浄区を分け、人が行き来するような仕組みにしないとか、製品保管場所を衛生的に管理する）。きれいに洗浄するための水が汚染されていてはいけないので水を管理する。従業員の衛生、健康管理、衛生教育。施設や器具の洗浄や、殺菌の仕組み。ネズミや昆虫が外から危害因子を持ち込んできますので、侵入できないようにする対策などから成り立っています。この仕組みが食品の安全を確保する基本になります。これがきちんとされているかどうかで安全が確保されるかどうかが決まってきます。これが実施されているのは消費者の目には見えないところですし、こういうことが表示されるわけでもありませんが、ここが最も重要で、ここに手間と費用をかけることが必要です。

このような衛生規範が多くの農場や製造工場で実施されると、汚染はゼロにならないけれども、汚染濃度の低いところに多くの農場や工場が分布するようになり、全体の汚染のレベルを低減できます。先ほど化学物質の汚染の低減手法の二つ目に述べた、生産・製造の衛生規範を設けて、全体の分布の状態を汚染の低い方に寄せるということの実際です。

以上のような形で食品の安全確保対策が設計され、それをフードチェーンを通して実施していく。工程を通じて、またフードチェーンを通じて一貫した仕組みをつくるための統合的手法の一つが「トレーサビリティ」ではないかと思います。

これらは事業者が行うことですが、行政による制度の設計、政策立案、また、科学的なデータを収集し分析して見解を出す科学者の役割が大事です。ここには自然科学者も社会科学者も含まれます。

■リスクコミュニケーション

アセスメント、マネジメントときて最後の要素のコミュニケーションについて考えます。人間はリスクをどのように認識しているか。これが食品にも重要な関わりがありますので、食品の場合はどうかをお話します。

リスクコミュニケーションは、リスク管理において最も重要なことです。医療や環境分野でリスクコミュニケーションを意識的に進めてきたのがアメリカです。初期のリスクコミュニケーションは説得を意図して進められました。情報を持っている公から民へ、一方向で分かりやすく選択された情報を伝えるということでしたが、説得は成功しないという事態に直面しました。そもそも認識の一致を得ることは無理であり、一致しなくてもいい、互いにどう思っているか、違いが分かればいいと目標が変わりました。コミュニケーションは双方向とし、限られた情報ではなく「可能な限りすべての情報を共有する」こととされるようになりました。特に食品リスクに関しては「その情報を出したらパニックに陥るようなものであっても、情報は提示すべきだ」と、ＦＡＯ、ＷＨＯの専門家会議報告書にいわれています。一時パニックのような状態が起こったとしても、人間にはそれをちゃんと収める能力があるということだと思います。また、隠していると、起こってしまった時に、起こった後で情報を出すと、その機関への信頼が失われ、その後の措置も信用されなくなるということだと思います。

もう一つ考慮すべきことは「消費者の心理」、人間の認知にはバイアスがあり、それを考慮した対策が必要だということです。もう一つは「プロセスの透明性の確保」ですが、今日は省略したいと思います。

リスクコミュニケーションと消費者の心理

この後は、リスクに対する消費者の心理についてお話したいと思います。

「リスク認知」研究の先駆者スロビックは、リスクコミュニケーションの失敗がなぜ起こるかについて、「複雑で

図3　消費者と企業の品質管理者のリスク認知レベルと受容レベル

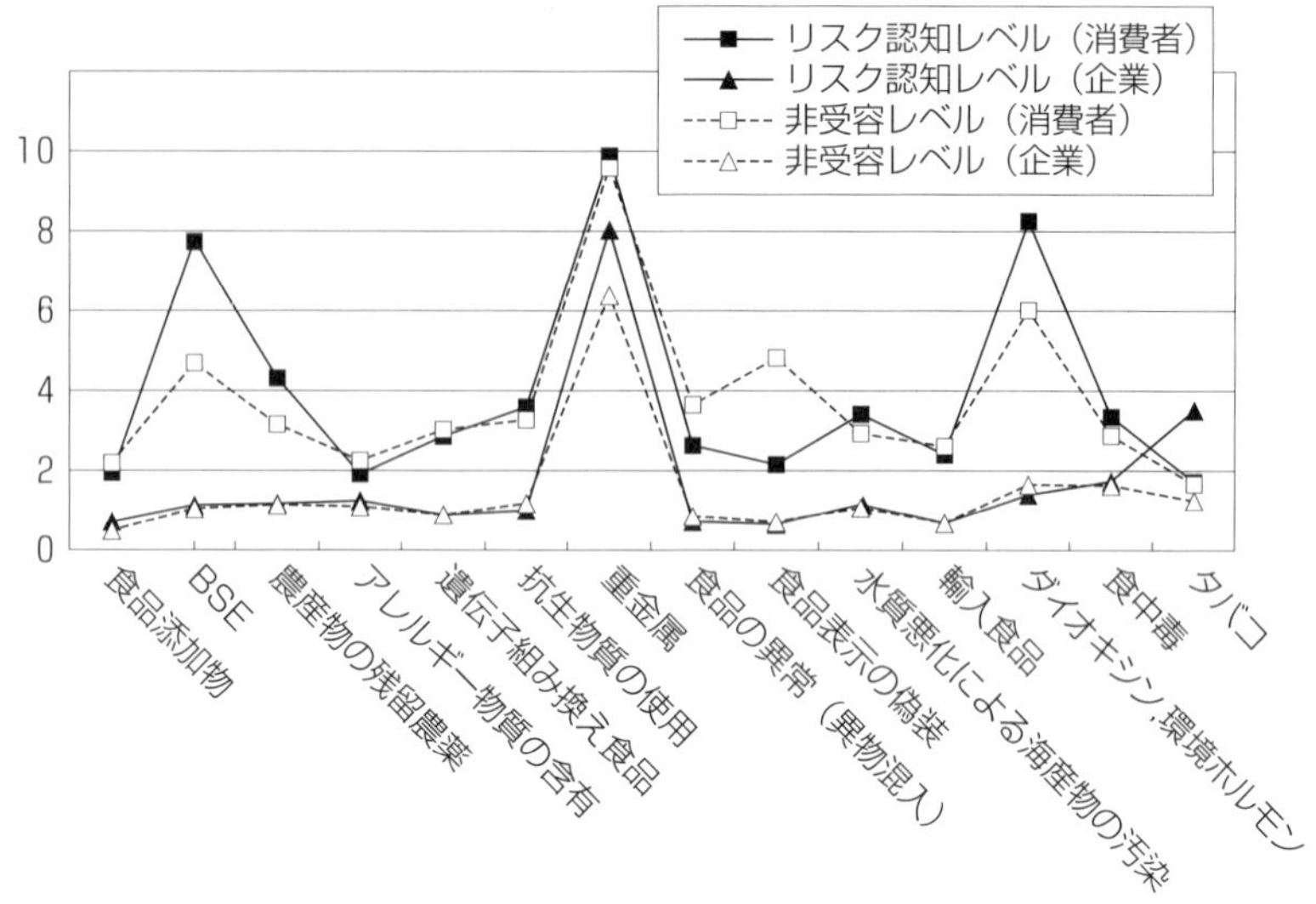

（出所）　河上裕美「消費者と企業の考える食品の安全要件・安心要件とコミュニケーション」2003年度京都大学農学研究科修士論文。

社会的に決定されるリスク概念の性質の理解に失敗していることが原因の一つである」と述べています。

科学的なリスク概念は先ほど紹介した通りですが、専門家のリスク認知はアセスメントにおいて特徴づけられるリスクと一致する。いいかえれば、悪影響の発生する確率と重篤度で専門家はリスクを認知する。ところが、一般大衆のリスク認知（リスクの知覚）においては、質的で複雑な、幅広いリスク概念があり、不確実性、恐ろしさ、潜在的な破壊性（結果の重大性）、制御可能性、公平さ、未来の世代への影響などを連結して考慮する。このリスク概念の違いで対立が起こっており、政策を決定する場合には、一般大衆のリスク認知の多元性な考慮すべきだ、と。なお一言付け加えれば、専門家のリスク認知も、専門外のことになると一般大衆と変わらないリスク認知をすると。訓練を経ない普通のリスク認知というものが、一般大衆のリスク認知だということになるかと思います。

図3は、私の研究室の修士課程の学生が調査した

結果です。様々な食品に関わる危害因子について、リスクの度合いを一〇点満点で回答してもらった結果です。企業の品質管理者のリスク認知の度合いは全体として低く、消費者は全体に高い傾向にあります。特に大きく差が出ているのは、ＢＳＥ、残留農薬、抗生物質の使用、ダイオキシン、環境ホルモンなどになります。面白いことにタバコについては、専門家はタバコのリスクは重金属を除いて一番高いと認識しています。対して、消費者は一番低いと認識している。こういうギャップが生まれてくるわけです。お互いにこういう認識を持ちながら、食品を提供し、食品を消費していることになります。

なぜこういう乖離が起こるのか。特に消費者の認識が、どのような要因の影響を受けて生まれているのかを調べてみようと思いました。

まず、これまでの心理学のリスク認知研究の結果、明らかになったことから。食品の安全性について、将来には不確かさがあり、将来のことは確実に予測できません。そういう状態を「不確実性がある」といいます。不確かさがある時には人間の行動にバイアスがかかります。科学的データがある程度得られる場合は測定可能な不確実性であり、リスクが査定できます。しかし、科学的なデータが得られず、リスクも査定できない、測定不可能なより本質的な不確実性もあります。例えばＢＳＥが発生してしばらくの間、発症のメカニズムがまったく分からなかったため、リスクが査定できなかった。それでも対策を講じないといけなかったわけです。

そのような不確実性の下で、人間が判断を下そうとして情報を認識する時、人間の情報認識には制約があり、認識にズレが生じます。それが、健康への悪影響の測定に基づく科学的なリスクアセスメントの結果と人間の知覚するリスクとの間のギャップの一因となります。このようなリスク認知の特質について、心理学分野で一九八〇年代以降盛んに研究されるようになりました。

リスク認知構造の特質の研究は、まずは、Kahneman, D. & Tversky, A. らの一連の研究のように、「ヒューリスティック」といわれる情報処理、つまり、情報処理能力の限界を補うために、短時間に能力を限定的に使う方法が採られること、それによってほぼ正しい解を得られるが、望ましい解から逸脱する可能性があることが論証されてきました。多くの成果が挙がっていますが、この研究は、主として、確率事象の認知特性の研究であり、「確率ベースのリスク認知研究」といえます。

ところが、定義された食品のリスクは「悪影響の確率」と「重篤度」という二つの要素の関数として定義されます。このような、確率と重篤度を統合的に認知しようとした時どのようになるかは、必ずしも研究されてこなかったのではないかと思います。さらにもう一つは、食品の危害因子に由来するリスクについての私たちの通常の認知は、「確率」と「重篤度」だけを抽象的に取り出したものではなく、O-157のリスク、BSEの変異型プリオンのリスクというようにその危害因子やさらにはそれを含む食品のイメージを介して認知している。そのために食品に対するイメージ、O-157とプリオンという危害因子そのものに関する知覚など、様々な要素が加わって複雑な構造を持ってリスクが認知されているのではないかと思います。この複雑な状態の認知研究をしてきたのが、スロビックの一連の研究だと思います。

スロビックは、リスク認知に影響を与える要因として、危害因子やリスクの認知的な特性、個人的な要因（性差や学歴など）、社会的な要因（信頼や世界観など）に左右されるといっています。私たちはこれを食品に則して分析してみたいと思って、現在、予備的な検討を進めています。

私たちは、人々のリスクの知覚に影響を与えるのは、(a)人々の危害因子やそのリスクの性質対する知覚、(b)個人の経験や知識、行動パターン（個人的要因）、(c)文化、国民性、食品安全に関わる制度の状態、政府や専門家への信頼、リスクと便益の関係（社会的要因）、であろうという仮説を持っています。スロビックは、特に人々に知覚されるリスクの性質が与える影響について長らく研究を蓄積してきます。その結果、「恐ろしさ」を感じる性質、「未知性がある」と感じる性質が強い危害因子に対して、リスクを高く感じることが分かってきています。もう少し具体的には、リスクが「制御ができない」「結果が致命的」、リスクについて「知ることができない」「科学的に解明されていない」などの特徴を指します。

実際、これは食品の場合も、ある程度には当たっているのではないかと思います。例えば、専門家と消費者のリスク認知の乖離が大きいものに、ＢＳＥ（変異型プリオン）のリスクがありますが、これで説明できる典型例ではないかと思います。「ＢＳＥのリスクは低い」ことを説明する時に「タバコや交通事故のリスクの方が高い」といわれたことがありますが、消費者から反発を受けました。このスロビックの研究結果からすると、例示が不適切だったと考えられます。タバコや交通事故は人々にとって受動的ではなく能動的なもので、タバコも吸わなければ済む。交通事故も車に乗らないとか、注意深く行動すれば避けられると受け止められます。それに対してＢＳＥ（変異型プリオン）に汚染された食品があったとしても、自分では見分けられないし、選べない。「確率は低い」と重々いわれているけれども、これまで分かっている例では、一旦、感染し発症すると数カ月で命を落とす。「結果が致命的」です。どうしてもリスクが低いとは知覚できないということではないかと思います。

しかしこのスロビックらの解明した要因だけで説明できるかというと、食品の場合は説明に不十分なのではないかと考えてきました。それで調査を始めたわけです。

▩リスク認知の予備調査

まだ予備調査の段階ですが、日本、韓国、アメリカ、ベトナムで、ごく少人数の被験者（全体で四〇人程度）に調査をしています。スロビックらの調査には質問紙法が用いられていますが、これはあらかじめ用意した質問に回答を求めるものです。私たちは、予見を持たずに生の消費者の知覚の構造を取り出したいと考え、ラダリング法といわれる個人面接調査を行いました。ＢＳＥ（変異型プリオン）や残留農薬、自然毒など様々な危害因子を提示し、被験者に「リスクを高い」と感じているか「低い」と感じているか判定を求めます。次いで、「高い」と感じたもの、「低い」と感じたもの一対を取り出し、なぜ高い、また低いと感じたのかを、繰り返し、問いかけて、そう感じた認知構造を探り出そうとするものです。

一例を挙げると、「ノロウィルスはリスクが低い。ダイオキシンなど環境ホルモンはリスクが高い」と答えている。「どうして一方は高く、一方は低いと感じますか？」と何回かの繰り返し質問をした結果、「ノロウィルスはうつったら大変だけど、人工的ではない。一つのことを気にすれば避けて通れるのではないか。ダイオキシンは人工的に起きた被害で人間がつくったものだから排除するのが大変。色々要因が大きすぎてリスクが避けられない」との回答になっています。「一方は自然的、一方は人工的。一方は回避できるが、一方は回避できない」、この被験者はこう感じているわけですが、客観的に見れば、ノロウィルスのような微生物も自然界に常在した状態になり制御が難しくなっているわけです。

「合成保存料はリスクが高い。ノロウィルスは低い」とした別の被験者は、同じく「ノロウィルスは自然に存在している。人間の体も自然だし、自然同士だから対応できる」、他方「合成保存料は人為的なものだ」「自然のものは長く自然の中にあったから対応できる」と回答しています。しかし、自然のものとなると、自然毒もそうですが、キノコの毒にも致死性のものがあって、非常に少人数ですが、毎年何人かの方が亡くなります。フグ毒は致死性だから厳しく管理されて調理に免許がいるわけです。よくこんなものを食べているなと思いますが、食文化ですね。それに対して合成保存料は意図して使われますから、逸脱行為をしない限り、使用基準通りに使っていればコントロールできる。このように客観的な状態とは異なる認識がされることがあります。

その結果をまとめると、どんな要因がリスクの知覚に影響を与えているのかが分かります。リスクを高く知覚することにつながるのは危害因子の「人工的、化学的な性質」、低く知覚するのは「自然界に存在する危害因子」。また、「死に至るような性質」もリスクを高く知覚する要因として高い比率で発話されています。これは「重篤度」というリスクの定義の要素に当たります。ところが定義のもう一つ要素である「確率」（どれくらいそのことが起こりやすいか）についての発話はまったくありません。ほとんどの人の視野に入っていない。つまり、リスクの高低は、著しく重篤度にウェイトを置いて知覚されていることになります。また、「回避不能性」「知識がない」「情報への曝露」（メディアの大量の報道を浴びること）も、高いと知覚することにつながります。逆に、「利益がある」「政府や専門家を信頼できる」と感じることは、リスクを低く知覚することにつながることが分かりました。

ここにはスロビックらが解明したのとは異なる、食品に固有の認知構造があるかと考えます。これをさらに日本、韓国、アメリカで比べてみますと、日本は「重篤度、致死性がある」ことが強く知覚されますが、その次には、「情景が想像できる」「色がイメージできる」という発話が多いのが特徴です。ほとんどすべての人が繰り返し発話しています。緑の葉っぱに白い農薬がかかるイメージ、食品添加物は色が染みついていくイメージ、タバコは白いカーテンが黒く染まるイメージです。公的機関や専門家への信頼、制度に対する信頼の発話がほとんどなかったことにも驚きました。それに対して韓国は、「情報への曝露」「政府への信頼」の発話が高い。日本でのイメージのような情緒的発話に対して、韓国、アメリカは発話が論理的に展開されているように見えます（論理的であることと、その認識が合っていることはまったく別の話です）。どういうアプローチで認知しているかの違いは、かなりありそうだと思います。

そういう結果をリスクコミュニケーションにつなげると、リスクコミュニケーションでは情報をデータや言葉、論理で提供します。私たちがイメージに依存して知覚しているということは、データや言葉や論理を受け入れにくい認知の仕組みを持っているといえるかもしれません。また、データを提供するのは専門家ですが、専門家や公的機関への信頼が低いということは、提供されるデータを受け入れる態度にも影響があるのではないか。日本人の映像や情景に依拠した認知にはおそらく何かの優位性があるでしょうし、それを明らかにすることが必要だと思います。しかし、データや言葉でコミュニケーションを進めるには、私たちはもうちょっと論理的に物事を考えるという癖をつけないといけないかもしれないと、現在のところ、中間的ですが、思っています。

リスクにどのように向き合うか

リスクに向き合うにあたって、フードシステム関係者それぞれの責任がある。特に消費者については、消費者の手元にも食品のリスクは残りますのでそれへの対応、意見の表明、バランスのある判断と行動、特にリスクの知覚に歪みがあることをわきまえた上で意見を表明し、行動することが求められるのではないかと思います。

また、昨今、過度な低価格志向が顕著に見られます。野菜の一〇〇円ショップのように。家計も大変ですが、行きすぎると社会的なリスクの増大につながります。過度に低価格を求めると安全や品質にかける手間、コストが省かれます。食品や農産物の価格は、それを生産していけ、生産する人がそれによって暮らしていけるだけの費用をカバーすることが必要です。そのことを消費者も認識していかなければいけないと思います。高価な、付加価値の高いものだけ安全が確保されている、私たちが日々食べる大衆的なものは安全確保が疎かだということになっては困ります。食品安全確保の仕組みは社会的なインフラだと考える必要があるのではないかと思います。

以上で終わらせていただきます。どうもありがとうございました。

質問　日本でシステムを組んで防衛していっても隣の国から現実には色んなものが入ってきます。全部の安全項目を守るのは大変だと思いますが、何かいい方策があるのでしょうか。

新山　そこのところに触れずにお話してきましたが、輸入食品の安全確保は関心の強い問題です。それについていいいますと、現在の安全確保の考え方ですが、コーデックス委員会が国際的に標準を決めてやっている。貿易されるものでも、お互いに生産点できちんと安全確保をするというのが国際的な考え方になっています。アメリカなどからたくさん輸入されていますが、製造されたところできちんと安全確保をしてもらえるように互いにルールにしていくことが基本かと思います。アジアの国についてはまだまだこういう思想が行き渡っていませんが、日本がそれを確立することに協力していくことも必要かも分かりません。その上で、日本はあまりに輸入が多すぎて手出しができないと考えられているのかも分かりませんが、他の先進国に比べると輸出国で現地検査をする、これが弱いです。アメリカは日本から多少輸入していますす。輸入比率は微々たるものですが、非常に厳しい検査をします。必ず検査員が立ち会いでチェックしないといけないと。国内のＨＡＣＣＰのレベルより、はるかに高いレベルを日本の工場に課すことをやっています。ある意味で貿易障壁ではないかとも思いますが、どこの国も自国の国民の健康を守るためには相手に積極的に要求してやっていくことが基本で、日本は相手がやってくれるのを待つ、誠実さを期待しているところがあって、そこは国際標準じゃないなと思っています。

質問　残留農薬で一日に摂取する許容量が安全であれは一生食べていっても人間の健康は損なわれないと言われていますが、同じものを食べて植物アレルギーというのは、ある人はアレルギーになるが、ある人はならない。農薬以外の原因があるのか。腑に落ちないということか、免疫になるのか、どうなんでしょう。

新山　科学というのは万能ではありませんし、分かっていることはごく一部で、分からないことがたくさんあります。現在のデータで安全だと考えられているものでも、見落とされていることが見つかってくることはあると思います。そのように考えることが必要だと思います。その上で今のご質問にお答えすると、今、食品中に残留する農薬が原因となってアレルギーを起こすというケースは検出されていません。食品に直接、農薬をかけたらアレルギーが起こるどころか、生死に影響しますが、使用基準を守って使われていて、ちょっとミスがあったという程度では悪影響は現れないように十分な安全のバッファを保たせて基準値が決められていると見ていいと思います。ただ人間の体もどんどん変わっていきます。例えば免疫面で、体内に吸収される外部物質に敏感な体質の人が増えていますが、このような同じ危害因子でも影響を受けやすい人たちを「高リスク集団」として把握します。これからの食品安全対策では高リスク集団とそこへの影響をきちんと分析していくということが危害分析に組み込まれていますので、できる限り、これから分析されていくようになると思います。基本的なお答えしかできませんが。

質問　アレルギーの人が無農薬の食品を食べたらアレルギーが治るということがあるのでしょうか?

新山　無農薬のものを食べたから、ということではないと思います。それでアルレギーが治ったとしたら、もっと別の要因が関係しているのだと思います。普通に使われる農薬でアレルギーが出るというデータは出ていないわけですから、食べなくてアレルギーが治ったということもないはずです。

質問　八〇年代から食の安全の事例を紹介いただきましたが、それ以前、戦後、食糧がない時代から食糧が豊富になってきたことで増えてきたのが、昔は寄生虫とかの問題もありましたが、本当に増えているのか、質が変わっているのかについて。

新山　質も変わっていると思います。食中毒のデータで戦後直後からどれくらい変わっているかのデータを確認したことはありませんが、戦後直後は不衛生な状態で食中毒は多かったと思います。その後、衛生状態が改善されて食中毒が減ってきたと考えられていたのが、八〇年代半ば頃までの認識でしたが、その後、データから見ると減少していないということで、改めて問題になってきたということです。以前は小規模な食中毒が頻繁に起こっていたのに対して、現在は発生件数は減ったけれど、一旦起こると患者数が県域を超えて広がるように規模が大きくなっています。

病原性の微生物については、専門家の話では微生物の種類に流行りがある。国際的にもそのようです。O‐15

7による大規模な食中毒は一九八〇年代にアメリカやオーストラリアで頻発するようになり、日本では九六年の事件以降、発生が見られるようになりました。その後、アメリカではリステリア菌に流行が移っているともいわれています。日本ではノロウィルスの流行が新たに確認されるようになっています。O‐157では近年は大規模な事故は起こっていませんが、データを見ると死亡者数は増え二桁になる年があります。社会状況も変わり、衛生状況も改善されたけれども、生産・流通構造の移り変わりの中で、微生物汚染が起こったら広がりやすい状態になっていて、全体としてはコントロールに十分成功できていないということだと思います。

質問　先生のお考えの基本は確率と重篤度の積で量的な評価をやる。その時、O‐157に感染すると発症するまで時間がかかる。菌が常在してしまうということで時間のファクターはどちらに入るのですか。確率側に時間ファクターを入れるのか。チラッと根拠は書かれているんだけど、程度を比較する時の時間のファクターはどこに入るか。ある時にポンと出てくるわけではない。なぜ増えているかと言うと、体内にずっとそのまま菌数があるためにずっと発症が遅れてくる現象だと思います。そのへんの広がりをどういう形でパラメーターを入れるのかなと。

新山　確率と重篤度のどちらに時間のファクターを入れるかというと、少なくとも微生物の場合、時間の経過により菌数が変化しますので、確率には考慮されます。温度や湿度の状態によって増えることがありますので、時間的な変化も考慮して、確率を出すことはできると思います。

質問　時間が入った確率という表現は、理解が難しいかもしれませんね。

新山　O‐157は牛の大腸に常在していて、牛には悪影響を与えないのですが、人間には数個で悪影響を与えますので、人間の体の中に常在することにはならないと思います。

質問　人間の上皮系の中に入り込んでいるというデータは医者のデータで出ています。

新山　そうですか。それは失礼しました。

司会　それではこれで公開講座を終了したいと思います。新山先生に興味あるご講演をいただきました。拍手でもって感謝を申し上げたいと思います。ありがとうございました。

【追記】　本稿中の図は、講演に使用したものとは一部差し替えています。

第3回　社会と感情

伊豆蔵好美　認め合うことと倫理

吉永和加　責任について

「**認め合うことと倫理**」　他人から認められたい、というごく当たり前の欲求は、それがうまく満たされない時、人の生活や互いの人間関係を大きく失調させてしまう。逆に、自分を認めてくれる誰かがいてくれさえするならば、それだけで元気に暮らしていける、ということもある。私たちの生にはなぜか、そうした他者による承認を求める欲望が強く刻み込まれている。とすれば、お互いを「認め合う」関係が「倫理」の基礎だと考える思想があっても何ら不思議ではない。そのへんの消息を、一七世紀のイングランドの哲学者トマス・ホッブズの思想の中に探ってみたい。今日の基本的人権につながる「自然権」の概念を基礎に据えた彼の道徳哲学が、承認を求める生死を賭けた闘いの想定から紡ぎ出されていることの意味を考える。

「**責任について**」　この報告では、人間と人間が社会を形成する際に根本的に作用するものは何かという問いに対して、責任というものが果たす役割について考えたい。だが何故、責任なのだろうか。それは、責任が、自己と他者がかけ離れた存在であることを前提として、また両者がどこまでもかけ離れた存在であることを見通した上で成り立つ、唯一の関係性だと考えられるからである。ここでは、責任について論じた二人の哲学者、サルトルとレヴィナスの議論を取り上げ、彼らが自己と他者をどのように捉え、その上で何を責任に託したのかを検討したいと思う。

認め合うことと倫理

伊豆藏 好美

はじめに――「認めて欲しい」という思い、「認めてもらえない」つらさ

人から自分を認めて欲しいという思い、あるいは逆に、人から自分を認めてもらえないつらさ、といったものは多かれ少なかれどなたも経験したことがあるのではないでしょうか。他人から認められたい。他人に自分を認めさせたい。こういう思いとまったく無縁に生きている人というのは、それほど多くないのではないかと思います。実際、世間を見回してみますと、他者から認められないこと、軽視されたり無視されたりすることに我慢がならず、ついつい乱暴な態度や行動を取ってしまったり、逆に自分の方が落ち込んで鬱になってしまったりといった事例は、どうもありふれているように思えます。子どもたちの間でも、時には立派な大人の間でさえ、単に無視したとかちょっとバカにしたとか、あるいは笑ったといった、ほんの些細なことだけで、理不尽な報復や暴力に結びついてしまう場合もあるようです。また、数あるいじめの中で最もつらいのは無視されることだ、とも聞きます。無視する、とは、要するにそこに存在すること自体を認めない、ということですね。これが最もひどいいじめになるというこ

とは、裏を返せば、それほど私たちは、とにかくどんな形でもいいから他者たちに自らの存在を認めて欲しいと思っている、ということを表しているのではないでしょうか。

そうした他者による認知や承認を求めるごくありふれた私たちの欲求や願望を、ここでは一括りに、やや堅苦しい言い方かもしれませんが便宜的に「承認への欲望」と呼んでおくことにしたいと思います。お互いを認め合う関係の中で自ずとそれが満たされている場合には、人はあまりその欲望を自らの中に意識することがないのかもしれません。しかし、家族であれ、友人であれ、上司であれ、恋人であれ、とにかく自分のことを認めて欲しい相手から認められずに、最近しばしば用いられる言葉で言えば、いわゆる自己肯定感とか自尊感情とかを持つことができないならば、ごくありきたりに言って順調で幸福な生活を送っていくことはきわめて難しくなるのではないでしょうか。逆に、自分を認めてくれる誰かがたとえ一人でもいてくれさえするならば、それだけで元気に、あるいは何とか生きていける、ということもまたあるのではないでしょうか。私たちの中にはなぜか、そうした承認への欲望が深く刻みこまれているように思われます。

とすれば、お互いを認め合う関係の中でその欲求をうまく充足し合うことが倫理の基礎だ、と考える思想があっても何ら不思議ではないでしょう。これからお話ししたいのは、ホッブズの思想をそのような思想の一例として読み直す可能性についてです。ホッブズと言いますと、近代民主主義の考え方の基礎となる社会契約説を唱えながら、それに基づいて絶対王政を擁護した逆説的な政治思想家、といったイメージが一般には強いかもしれませんが、実は、今日の基本的人権につながる近代的な自然権の概念に基づいた倫理を初めて構想した道徳哲学者・倫理学者でもありました。人間は生まれた国とか人種とか民族とか信じる宗教とか能力の差などに関係なく、生まれながらに平等な権利を有する、というそういう考え方、簡単に言えばそれが「自然権」の思想であり、今で言う「基本的人権」の思想ですが、この考え方は、現代の私たちが様々な政治的、倫理的問題を考え議論しようとする時に、なくてはならない重要な枠組みの一つとなっているように思います。以下では、ホッブズが人間の自然本性についてのどういった考察から、この自然権を基礎とした倫理・政治思想を構想するに到ったのかを簡単になぞりながら、そのホッブズの分析を下敷きにして、承認への欲望の特徴やその人間社会での現れ方について、さらにホッブズにおける近代的な権利概念の起源について、一般にはあまり論じられていないような視点からご紹介できれば、と思っています。どうぞよろしくお付き合いください。

ホッブズの「自然状態」はなぜ「戦争状態」になるのか？

さて、ホッブズが自らの新しい倫理学と政治学をつくり上げるための理論的な基礎として、人間の「自然状態」というものを考えたことはよく知られています。私たちは普段意識するしないにかかわらず、国家という大きなまとまりの中で、その権力と法律の下で、一定の倫理規範の枠の中で生き、生活しています。ところが、ホッブズは、あるべき倫理や政治がどういうものでなければならないかを一から考え直すために、敢えてそうした既存の国家や法や倫理規範が存在しない状態を想定しようとしました。それがホッブズにとっての「自然状態」です。そして、これもご承知の方は多いかもしれませんが、彼はそれが「戦争状態」である、と主張しました。しかも「万人の万人に対する戦争」、つまり、一人ひとりがお互いにことごとく敵同士となるような、そんな戦争の状態となる、というのです。

この考え方に対しては、これまでずいぶん疑問や批判が投げかけられてきました。人間の自然本性は決してそんなに邪悪ではないのではないか、別に権力や法が存在しなくても平和に暮らしていくのに必要な程度の分別や思いやりが人間には自然にそなわっているのではないか、というわけです。ただ、ホッブズ自身には、ことさら性悪説の立場に立っているつもりはなかったようです。ある箇所で、「人間は人間にとって神である」と「人間は人間にとって狼である」という言葉は、どちらもともに真理だと言っています。この後の方の「人間は人間にとって狼である」という言葉の方だけが、ホッブズの人間観を表す言葉として後世に語り継がれることになってしまい、実際、我々が学生時代に習った教科書には必ず、今はどうか知りませんが、ホッブズは「人間は人間にとって狼だ」と述べた、それがホッブズの人間観だ、と書いてあったものですが、しかし、この箇所を読めば一目瞭然のように、実は彼が言いたかったのは、人間は置かれた状況次第で、お互いにとって神のような存在にもなれば、狼のような存在にもなる、ということだったのです。

それではなぜホッブズの「自然状態」が「戦争状態」になるかと言いますと、実は何のことはない、彼が平和な共同社会を可能にしている基本的な諸条件を一切取り除かれた状態として人間の「自然状態」を描き出しているからなのです。つまり、ホッブズが自然状態を描き出す際に取り除いているのは単に国家の権力だけではありません。実は同時に平和な共同社会の中ではごく当たり前に成り立っている人々の間での基本的な信頼関係や、道徳性を発揮するための条件も取り去っているのです。では、なぜそんなことをしたかと言えば、まさにそれらの平和な共同社会を可能にしている諸条件を、それらがすっかり欠けている状態から始めて一から再構成してみよう、と考えたからです。そのことによって平和な共同社会のための条件を誰の目にも明らかな仕方で示すこと、それがホッブズの目指したことでした。

とはいえ、もちろん人間の自然本性そのものの中に諍《いさか》いや争いを引き起こすような要因がなかったならば、現実の戦争などそもそも起こりようはなかったでしょうし、ホッブズもまた私たちも、およそ人間の間の戦争状態といったものを想像することすらできなかったでしょう。ホッブズは人間の自然本性のうちには、三つの主要な争いの原因がある、と述べています。それが競争と不信と自尊心です。

ここで自尊心はともかく、競争と不信が人間の自然本性の中にあると言われると、やや違和感を持つ方もおいでかもしれませんが、ホッブズの説明をよく読むと、「競争」を持ち出すことで実質的に取り上げられているのは、様々な「利得」を求めて他者との競争へと人間を駆り立てる、所有あるいは力への欲望のことであり、「不信」で言われているのは、その裏にある自らの生命や安全を守りたいという自己保存あるいは生命への欲望のことであり、「自尊心」と言われているのは、「評判」を気にかけ、他者からの「過小評価の徴となるような些細なことのために」暴力に訴えてしまうような、そんな他者たちに自分を認めさせたい、という承認への欲望のことだ、ということが分かります。つまり、他人よりもより多くのものや力を持ちたい、という力への欲望、安全を確保し死への不安や恐怖から解放されたいという生命への欲望、そして、他者たちから認められたい、また認められないことが許せない、そんな承認への欲望、が、人間の自然本性の中にある争いの主要な原因なのだ、というわけです。もっと力になるものが欲しい、命と安全を守りたい、他人から認められたい。これらの欲望あるいは欲求が私たちの中に否定し難く存在し、そしてそれらが時として、争いの大きな原因となるということ、このことを私たちは、ホッブズとともにさしあたり認めてよいのではないかと思います。

承認への欲望の功罪——人間は他者からの承認に生死を賭けてしまう

ところで、これら三種の欲望の中でも、ホッブズが他の動物たちとは決定的に異なる人間の特徴として強調していたのが、ほかならぬ承認への欲望でした。人間だけが誇りや名誉のために時として生命まで賭けてしまう。自分ばかりか、自分の親類縁者や友人や、あるいは自分が属する民族や国家が、たとえほんのわずかでも軽視されたり無視されたり侮辱されたと思うと、それだけで我慢がならず、暴力に訴えたりする。また、自分と他人とを絶えず比較して、自分が他人よりも優れていることを何よりも喜び、優越感を味わえる相手と付き合うことを好む。例えばそんなことをホッブズは指摘しています。こんな事例ばかり並べられますと、自らは慎みがあると信じている多くの方々は、そんな欲望に囚われているのは一部の人間だけで自分たちには関係ない、と思ってしまわれるかもしれませんが、どうもそうではなくて、最初にも述べました通り、承認への欲望はごく普通の慎みのある人々にも、様々な程度や形で存在していると考えた方が自然ではないかと思われます。むしろ極端な名誉欲や虚栄心は、誰もが有している承認への欲望の、その過剰な逸脱形態と捉えた方がよいのではないでしょうか。ちなみにホッブズ自身もそのような理解を示していました。

さて、承認への欲望は、そうした名誉欲や虚栄心、大きな野心や愚かしい見栄などの形で目につくことが多いために、きわめて利己的な情念と思われがちですが、よく考えてみますと、単純に「利己的」とは規定できない、ある際立った特徴を持っています。一つは、それが必ず自らを何らかの仕方で認め、評価してくれるはずの他者の存在を前提し要請している、という点です。そもそも、自分がまったく意味を認めていないような存在から認められ評価されることを求めるというのは、およそ考えられないことですから、結局、他者による承認を求める者は、まさにそのことによってその他者を同時に何らかの仕方で認めている、ということになるのではないでしょうか。つまり、承認への欲望とは、同時に他者への欲望であり、原理的には自らが認める他者からの承認を求める欲望であるはずです。それは必然的に、他者との関係性、共同性を暗黙の前提としており、他者を自らと同等の他者として認める、という契機を孕んでいます。その限りで、承認への欲望は、何らかの形で他者との積極的な関わりを求める欲望でもあるはずです。実際、我々の多くは、振り返ってみれば日々の当たり前の生活の中で、自分を認めて欲しい人々のために、ずいぶん無理を重ねていたり、それなりに自分を犠牲にしていたりもするのではないでしょうか。

承認への欲望のもう一つの特徴は、それが通常は人間も含めた動物の最も強力な本能と見なされがちな自己保存への欲求、あるいはその裏返しとしての死の恐怖を、ある場合には簡単に乗り越えてしまう、という点です。人間は信仰や理想のためばかりではなく、名誉や野心のためにも命を賭けることができてしまう。しかも、それはごく一部の野心的で名誉欲に囚われた人間だけの話ではない。そのきっかけさえあれば、ごく普通の慎みある人々でさえも、例えばゆえなき侮辱や屈辱に対して、自分や自分に近しい人々の誇りや名誉を守るための闘いに生命を賭けてしまう場合がある、ということをホッブズは指摘しています。人間は強烈な承認への欲望があれば、それによって死の恐怖を乗り越え、生命を捨てることさえできてしまう。だからこそ、まさに人間には戦争も可能になってしまうのではないでしょうか。実際、いつの時代でも戦争を起こそうとする人々は、多くの場合に自らが大きな野心や名誉欲に取り憑かれているとともに、戦争に動員しようとする人々の中の承認への欲望を、必ずや様々な仕方で駆り立てようとしてきたのではないでしょうか。そこで希求されている承認が肉親や同胞からのものであれ、カリスマ的独裁者や指導者からのものであれ、あるいは先祖や民族といった抽象的・理念的な存在からのものであれ、あるいは、神や絶対者といった宗教的な信仰対象からのものであれ、とにかく、それらのために自らの生命まで犠牲にすることができてしまうからこそ、戦争は可能になるのであり、逆に、それを利用することができなければ戦争など継続していくことは不可能なのではないでしょうか。そう考えるならば、ホッブズが現実の戦争の原因として、実際には三種の欲望の中でもとりわけ承認への欲望を強調し、その危険性を繰り返し警告していたのもうなずけることのように思われます。

さて、以上のように考えますと、承認への欲望は、人間の共同性にとってネガティヴな面とポジティヴな面とを併せ持っている、ということになりそうです。つまり、一方で、確かにそれは時に並外れた野心や愚かしい虚栄心として現れ、人々を不毛な争いや競争へと駆り立てます。また、認められたい、認めさせたい、という思いが相手にうまく受け入れられなかったり、拒絶されたりした場合にも、相手に対する憎悪や暴力、あるいは本人の意気阻喪や抑鬱状態をもたらします。しかし、他方で、認めて欲しい誰かがいるからこそ、そのために頑張れる、ということもあります。自分を高めたり、他人のために尽くしたりということもそこから可能になったりします。とすれば、承認への欲望は人間の単なる利己性を越えた共同性や利他性の発揮のきっかけとしても、大きな役割を果たしているこことになるでしょう。こうした人間の共同性にとってのマイナス面とプラス面とが、承認への欲望にはあるように思えます。

ところで、ホッブズはと言いますと、実は承認への欲望が争いの原因になる側面の方のみを主として取り上げて強調していました。しかし、それは先にお話ししたような彼の意図からすれば当然のことであったと思われます。つまり、平和な共同社会のための諸条件を明らかにするために、その障害となる要因が何かを確かめることが、さしあたりホッブズにとっての課題だったからです。承認への欲望がたとえ人間の共同性や利他性に資する場面があったとしても、そのこと自体はもちろん何ら問題ではないわけで、重要なのはむしろ、それが共同社会にもたらす危険性や弊害の方を、どうコントロールできるかということの方だったはずです。

実際、人間社会はひょっとすると長い歴史の中でいつもそれを大きな課題とし続けてきたのかもしれません。例えば様々な宗教の存在を考えてみますと、ほとんどの宗教は例外なしに人間の高慢や尊大や虚栄を戒め、神なり絶対者なりの前での人間の卑小さや惨めさを自覚することを求めてきたように思われます。自分と同じように卑小で惨めな存在である仲間の人間たちの承認を勝ち取ろうとするよりはむしろ、神やそれに類する絶対的な存在に認められることこそ求めるよう説いてきたように思われます。様々な宗教はまさに、承認への欲望を社会的にうまく制御するという、人間社会の存続のために非常に重要な役割を果たしてきた、とは考えられないでしょうか。

とすれば、しかし、宗教がそうした機能を十分に果たせなくなった社会においては、いったい何が、どのようにしてその承認への欲望を制御する役割を果たすことになるのでしょうか。実は、ホッブズが生きた一七世紀のヨーロッパというのは、ご承知のように苛酷な宗教戦争の時代でした。同じキリスト教徒同士が同じキリスト教の神に対する信仰のあり方をめぐる違いから互いに憎み合い、殺し合う状況が生じていたのです。したがって、既成のキリスト教信仰や教会の教えに依存しない倫理や政治のあり方を見つけ出す必要がホッブズにはありました。実を言えばその成果が、自然権の概念を基礎とした彼の倫理学と政治学だったわけですが、それをつくり上げる過程では、当然、承認への欲望の制御が重要な課題として意識されていたはずです。なぜなら、すでに見てきたように彼自身が、それを人間の自然本性の中にあるきわめて大きな争いの原因、と認識していたからです。

とはいえ、承認への欲望が深く人間の自然本性のうちに根差しているとしたら、それを単に強圧的に抑え込むといったやり方は、まったくうまいやり方ではないことになるでしょう。人間の自然本性のあり方に立脚した新しい倫理学と政治学を構想しようとするなら、そもそも、承認への欲望が、なぜ、どのような要因から制御不可能なものとなってしまうのか、時に過剰で逸脱したものになってしまう原因はどこにあるのか、そうした点についての検討や考察が、先立たなければならなかったはずです。実際、そう思って読み直してみますと、ホッブズには明らかにそうした問題を検討、分析していると思われる議論があります。それが人間の力というものについての彼の独特の分析です。次にその内容を簡単にご紹介しようと思います。

人間の「力」と「力の市場」

さて、ホッブズは「人間の力」とは何であるかを定義して、それは「何らかの将来の善と見えるものを獲得するために、その者が現在持っている手段」のことだ、と述べています。具体的には、肉体の強靱さや思慮深さ、容姿や雄弁さや生まれのよさといった「本人に備わった力」も、あるいは、富や友人や評判といった「道具のような力」も、とにかくそれらが当人にとっての善を獲得するための手段となるならば、どれもがその者の「力」なのだ、というわけです。例えば今よりも高い収入が得られる仕事に就くことが自分にとっての善だと思っている人にとっては、その仕事を獲得するために必要と思われる手段が自分にとっての「力」だということになります。それは自分の営業能力を高めることかもしれないし、英語が話せるようになることかもしれないし、ひょっとしたら容姿に磨きをかけることかもしれないし、あるいは有力なコネを見つけることかもしれない。しかし、とにかく何であれ、今より高い収入が得られる仕事に就くということがその人が目指している「善」ならば、その目的のための手段となる今列挙したようなことはすべて、その人にとっての「力」だろう、というそういう考え方をホッブズはここで示しているわけです。

ところがホッブズは次に、そうした「人間の力」は、およそどんなものであれ、実は他者たちの様々な力を利用する手段となるからこそ「力」なのだ、ということを示唆します。例えば富とか容姿とかを考えれば分かりやすいと思うのですが、それらは、ただ単に所有しているというだけでは、それ自体では生きていくための何の力にもなりません。それらによって、他者たちの力を利用したり、借りたり、引き出せたりすることによってこそ、それらは「力」たり得るわけです。

さあ、ところが、ある「力」によって、他者たちの力を利用したり、借りたり、引き出せたりするためには、その「力」は当の他者たちからまさに「力」として認められ、評価される必要があるでしょう。例えば富が威力を発揮するのも、お金に価値を認めてくれる他者たちがいるからこそで、一万円札のどんな束でも、それをただの紙切れとしか認めない相手には何の価値もないのと同じことです。

だからホッブズは、他者からの評価を獲得可能な「評判」もまたそれ自体が「力」であるということを強調しています。一般に「力があるという評判は力」であり、それゆえに、愛国者であるとか、成功者であるとか、有力な政治家であるといった評判はそれ自体が「力」だ、というわけです。実際、それらの評判によって、他の人々の力を現に動員することが可能になっているわけです。要するに、容姿にせよ雄弁にせよ、富にせよ学識にせよ政治的権力にせよ、あるいは、それらを所有しているという評判にせよ、およそどんな人間の力であっても、それらが「力」となるのは、他者たちの様々な力を利用するための手段となるからこそなのですが、ところが、そのことが可能となるためには、当の他者たちからそれらがまさに「力」として認められ、評価される必要がある、ということであり、逆に言えば、他者たちからそれと認められるもののみが「力」なのだ、というのです。

さて、このことがあらゆる「人間の力」について例外なしに成り立つのかどうかは、ここでは問題にしないでおきます。ただ、こういう議論を展開することによってホッブズが読者に何を思い起こさせようとしていたのかは、実ははっきりしています。つまり、「人間の力」はどんなものであれ、一方ではそれを必要とし、それを求めている、言わば「買い手」としての他者たちからの評価によって、他方では、その評価にさらされる同じような力を有している言わば「売り手」としての他者たちとの比較によって、その価値が決定されざるをえない、という事態です。ホッブズはそのへんの事情を次のように表現しています。

人間の価値あるいは値打ちは、他のあらゆるものと同じで、その人間の力の使用に対して与えられるであろう価格である。したがって、それは絶対的なものではなく、他者の必要と判断とに依存する。〔……〕他のものの場合と同じように人間の場合も、売り手ではなくて買い手が価格を決める。というのも、たとえある者が（たいていの者がそうするように）自分自身をできるだけ高い価値に評価したとしても、その者の本当の価値は、他の人々によって見積もられる程度にしかならないからである。

人間の力がまるで「商品」のように扱われているこの情景描写を、マクファーソンというカナダの政治学者は「力の市場」と名づけ、ホッブズは実は競争的市場社会における人々の関係性について分析していたのだ、と論じました。しかし私は、ホッブズは現実の社会の客観的な状況について描写していたのではなくて、むしろ、多くの人々の心の中に存在する思考と情念、言わば心の中の情景を描き出そうとしていたのだ、と考えています。つまり、自分の「力」がまるで様々な商品と同じように他者の所有する力と比較され、それを求め、必要としている人々に評価されており、それがまさに売り物になるかどうかに自分の将来の善がかかっている、という事態は、そのまま社会的現実の中に成り立っている事実というよりは、むしろ、現実がそのようになっていると思い込んでいる人々の心の中に成り立っている想像であり、言わばフィクションなのです。なぜなら、私たち一人ひとりがそれぞれの生活の中で目指している「善」の中には、そんな市場的競争の中では決して手に入れることができないものもたくさんある、ということの実例を、少し気をつけてみれば私たちはいくらでも見つけられるはずですし、もしも競争的な市場社会の中で生きるのがいやになれば、そこから逃げ出して生きていく道も色々あるはずですし、現にそんな生き方をしている人も決して少なくないからです。

なぜ、「承認への欲望」は、「力への無際限の欲望」に転化してしまうのか？

にもかかわらず、他方で、私たちはあたかも自分が「力の市場」の中に生きていてそこから抜け出せないかのように感じてしまう場合が多々あるのも事実です。では、自分がそのような「力の市場」の中に生きていてそこから抜け出すことができない、と感じてしまった人々の中では、いったいどういうことが起こるのでしょうか。ホッブズの分析は続きます。人々は当然、常に他者たちからの評価に敏感となり、また、自分と他者たちの「力」の優劣をいつも気にかけることになるでしょう。他者たちの自分に対する態度に、自分に対する価値評価の徴を常に読み取ろうとするでしょう。そして、自分につけられたと感じた価値の評価が、自分の自己評価とたとえわずかでも違えば、直ちにそれが「賞賛」や「侮辱」として、言い換えれば自らにとっての「名誉」や「恥辱」として感じられてしまうことになる、とそうホッブズは分析しています。例えば、援助を依頼することや、服従すること、大きな贈り物をすることなどは、相手の力を認めている徴になるので、相手を「賞賛」していることになるし、忠告や話に耳を傾けたり、意見に同意したりすることは相手の知恵や判断を認めている徴になるので、これも相手を「賞賛」していることになるが、逆に、服従しないこと、わずかの贈り物しかしないこと、同意をしないこと、相手が話しているにもかかわらず居眠りをしたり立ち去ったりしゃべったりすることなどは相手を侮辱することである、といった具合です。要するに、助けを求めたり、服従したり、言葉に耳を傾けたり、といった、その都度の文脈の中でのごくごくありふれた日常的な行為のほとんどすべてが、常に同時にお互いに対して下している評価の表明として解釈され、それゆえに相手からの賞賛や侮辱として受け取られてしまっている、という、そういう現実を、ホッブズは読者に思い起こさせようとしているのです。

こうした分析から、「誰もが、自分が自らにつけるのと同じだけの額で、同胞が自分を評価してくれることを求め」、「あらゆる軽視や過小評価の徴に際しては、その自分を軽視する者からは危害を加えることにより、また、その他の者たちからはそれを見せしめとすることによって、自分の気が済むまでの、より大きな評価を強引に引き出そうと努める」といった指摘がなされます。他者による承認を引き出し、獲得するためにはさらなる「力」が必要になるし、その「力」を獲得したり、維持したりするためにはさらに他者たちに認められる必要がある。そのためにはもっと「力」がいる。こうして、承認への欲望は力への欲望に転化してしまい、やがて区別がつかなくなっていくでしょう。しかも、現に自分の「力」をまさに市場で売りに出して生きている多くの人々にとっては、つまり資産も何もない、私自身も含めた大部分の賃金労働者、ということですが、その人たちにとっては、自分の「力」が他者たちに認められることが生きていくためにも必要不可欠であり、それは文字通りの死活問題になってしまいます。ですから、力の低下と他者による評価の低下は、そのまま生きていけるかどうかの不安、死の恐怖へと直結してしまいます。そうすると、先に見たようにホッブズは力の所有への欲望、生命の安全への欲望、他者からの承認への欲望が、人間の自然本性の中にある主要な争いの原因だ、と言っていたわけですが、その三つは「力の市場」の中ではまったく区別がつけられなくなって、いわば無際限な力への欲望のスパイラルを形づくることになるでしょう。ここから、ホッブズの有名な次のような主張が引き出されてくることになります。

私は、全人類の一般的な傾向性として、死に至るまで止むことのない、次から次へと力を求める永続的で不断の欲望を挙げる。このことの原因は、人間が既に得ている以上の強い喜びを求める、とか、適度な力で満足することができない、ということでは必ずしもない。そうではなくて、現在もっているよく生きるための力と手段を確保するためには、より以上を獲得しなければならないからである。

けれども、ここで是非とも確認しておかなければならないと思われることは、実際には、力の所有と生命の安全の間にも、また力の所有と他者からの承認の間にも、必然的な結びつきなどはない、ということです。つまり、世間的に「力」と認められているものを何ら持っていなくても、生きるために必要なものを手に入れる手段には様々なものがあるはずですし、現にそれが可能になっている人々も決して少なくないはずです。あるいは、それがもっともっと可能になるような社会のあり方を構想することだって我々はできるはずです。つまり、生きていくためには他者が認める「力」がいる、というのは決して必然ではありませんし、まさに「力」などなくても誰もが生きていける社会を目指すことも、我々にはできるわけです。また、世間的に「力」と認められているものを持っていなければ誰からも認められないか、と言えば、もちろんそんなことはないわけです。承認には実際には様々な形があるはずです。単に社会的に評価されるような能力を持っているということだけが、誰かが誰かを認める唯一の理由だ、などということはありえないのであって、現に、私たちの多くは自分の身近に、どんな力を所有しているかなどとは無関係に、自分にとっての大切な存在として文字通り認めている相手がいることを、身をもって知っているのではないでしょうか。そのように考えるならば、我々は「力の市場」の中で無際限に力を求めていかなければならないし、そうしなければ生きていけないのではないか、などというホッブズの誘いに乗る必要はないことになります。

ところが、それにもかかわらず私たちの多くは、やっぱり「力の市場」を完全に無視することはできない。ふと気がつくとまたその中に囚われている自分を見つけたりもする。それもまた現実なのではないかと思います。しかも、どうも世の中を見ていると、別に生きていくために他者からのこれ以上の承認などまったく必要ないほど、それほど十分にもう「力」を持っているのではないか、と思える人ほど、さらにより大きな他者からの承認を勝ち取ろうとしているようにも見えます。そういう競争、レースからなかなか降りることができないようにも見受けられます。つまり、生きるための必要性と関係がないところで、なぜかそれが死活問題であるかのように、他者からの承認を勝ち取るための「力」を求め続けてしまう傾向が、すべての人とは言いませんが、やはり少なからぬ人々の中にはある。実はそれは、慎みのあるごく普通の人々にとっても言えることで、たとえば誰かから認められるかどうかが、生きるための必要性とは何の関係もないにもかかわらず、やはり当人にとっては死活問題になってしまう場合はいくらでもあるのではないでしょうか。いったい、なぜ人間の自然本性はそんなふうにできているのでしょうか。あるいは同じことですが、自分が「力の市場」の中にいるという想像から自由になることが、なぜ難しいのでしょうか。

人間の「共同社会」を可能にするもの

もしもこの問いについて、やはりホッブズの中に答えを求めるとするならば、その答えはおそらく次のようなものになるのではないかと思います。それは、人々が「力の市場」から自由になれないのは、結局人々がその「力の市場」というフィクションを共有することが、まさに人間の共同社会の存立のための条件になっているからだ、というものです。どういうことかと言いますと、結局自分が「力の市場」の中にいる、と考えることは、自分が生きていくためには、他者たちが認めてくれるような力を身につけ、その力を他者たちに提供することによって、自分もまた他者たちの力を利用していかなければならない、とそう考えることであり、あるいはまた、他人から認められるためには、他者たちが求めているような力を身につけ、その力を他者たちに提供し続けていかなければならない、とそう考えることだからです。多くの人々が、あるいは少なくともかなりの数の人々が、基本的にそのような思考回路にそって生き、活動することがないと、人間の共同社会はそもそも成り立ってこなかったのではないでしょうか。

古来、哲学者たちは人間と他の動物との間の大きな違いの一つとして、自らが生きていくために必要な能力を各々の個体としてはおそろしく欠いている点を挙げてきました。例えば、ごく基本的な衣食住の必要を満たすだけのためにも、私たちは実に多くのものを必要としますが、それらをすべて独力で調達しなければならないとしたら、果たしてどれだけの人々が生き延びることができるでしょうか。人間が、生きていくためには共同社会を必要とする「社会的動物」であるというのは、それこそ哲学者たちによって言い古されてきたことですが、その実質は、我々は生きていくために他者たちの力を必要とし、またそうであるからこそ他者たちのために自らの力を提供しなければならない、ということにほかならないでしょう。つまり、共同社会の観点からするならば、我々はまさに他者たちのために生きているのです。

ところで、もしもこのことを明瞭に意識した上で現に他者たちのために生きることができる人々が存在したとして、そのような人たちこそが聖者と呼ばれるべきかもしれませんが、我々はそのような人々が承認への欲望を持つことを想像できるでしょうか。少し難しいような気がします。逆に、承認への欲望が多少なりとも利己的なところのある我々の中に組み込まれていることによって、たとえ主観的には自分のために生きているつもりでも、実質的には他者たちのために生きる、ということが初めて可能になっている、と見なすことはできないでしょうか。もしもそうならば、共同社会の形成なしには生きていけない人間という生き物が、生命への欲望と切り離しがたい仕方で承認への欲望を自分たちに刻み込むことになったのは、言わば進化論的な必然であったと考えることもできそうです。

ただし、ある生物がある機能や能力を獲得するに到ったのが、仮に進化論的な淘汰の結果だったと仮定しても、その事実が当の生物の未来における存続を保障するわけではありません。それは例えば恐竜の例を考えてみるだけでも明らかです。承認への欲望は人間の存続を支える要因の一つとしてこれまで機能してきたかもしれませんが、逆にそれが滅亡の原因ともなりえたかもしれませんし、今後そうならないという保障もどこにもありません。例えば国家の威信を賭けた戦争に核兵器が利用されてしまえば、それはたちまち現実になってしまうかもしれません。

もちろんホッブズは進化論など知りませんでしたし、核兵器の脅威も知りませんでした。ただ、承認への欲望が人間の自然本性のうちに深く根差しており、それが自他を傷つけたり、殺し合いや戦争を引き起こしてしまう危険性を、おそらくは同時代の誰よりも深刻に受け止めていました。また、他方では、人間がその自然本性に強いられる形で他者たちとの交わりを求める、ということも認めていました。人間は生きていくために他者たちの力を必要としているし、まさにそれゆえに他者たちからの評価を必要としている。しかし、まさにそれゆえに人間は、自らの他者たちに対する優越を何よりも喜び、逆に他者たちからの過小評価や侮蔑や無視を耐え難い苦痛と感じ、そのことが互いに競い合い、傷つけ合い、争い合う最も大きな原因ともなってしまう。つまり一口で言えば「人間は他者との交わりを、それを強いる自然本性によって欲する」にもかかわらず「人間は社会に適したように生まれついてはいない」というのがホッブズの基本的な人間観だったのです。そして、そのギャップを埋めるために人間がどうしてもつくり出さなければならない工夫あるいは技術こそが、彼にとっての倫理と政治でした。すでに触れました通り、その基礎とされたのが「自然権」の概念です。以下では、その今日の基本的人権の概念に当たる考え方が、どのように導き出されているか、また、そこに承認への欲望の制御という課題がどのように関係していたかについて、最後に少しだけ考えてみたいと思います。

「権利」の基底には何があるのか？

さて、ホッブズは自分の倫理学と政治学の最初の基礎を、「すべての人間は生まれながらに皆平等である」という命題に置きました。これは現代社会でもしばしば当然のこととして語られたりしていますが、よく考えてみるとうまく理解しづらい内容を含んでいるようにも思えます。だいたい、平等とは言いながら、私たち一人ひとりの人間は資質も能力も考え方も皆それぞれ現に異なっています。ですから、その事実を認めつつそれでも平等と言う場合、それは必ずある特定の観点から見た限りでの平等になるはずです。例えば視力は違うけれど目が二つある点では同じだ、とか、体重はずいぶん違うけれど熊より軽いという点では一緒だ、といった感じで、あまりうまい例ではありませんが、要するに我々は事実としては決して同じではないのですから、それでも平等と言う時には、いったいどういう観点から見た場合の平等なのか、ということが問題になるでしょう。

では、ホッブズはどういう観点からすべての人間は生まれながらに皆平等であるという命題を引き出したかというと、実は、人間はお互いを殺し合えてしまうではないか、という理由からでした。つまり人間相互の間には確かに様々な能力の違い、力の違いがあるけれども、しかし、たとえどんなに弱い者たちであっても、互いに共謀したり秘かな企みによって、どんなに強い者も殺すことができてしまう。人間の身体はお互いの暴力に対してはそのような脆いものでしかないし、その身体への暴力により、どれほどの能力も、権力も、知恵も、すべて無に帰してしまう。人間同士の力の差とはいっても、所詮はその程度のものにしかすぎないのだから、互いに平等であると見なすべきだ、というのがホッブズが展開した議論でした。つまり、事実として平等である、という主張なのではなくて、一旦相互の関係が戦争状態となってしまった場合には、暴力による死の恐怖から逃れられる者は誰もいないのだから、ほんの些細な違いを取り上げて、自分の方が上だとか、優れているとかなどと考えるのはやめて、むしろお互いを平等な者として認め合うべきだ、というそういう主張になっていたわけです。ホッブズが倫理学と政治学の出発点として敢えて極限的な戦争状態を想定した意味もここにあります。つまり、暴力による死の恐怖をたとえ想像上であれ共有できれば、そこから、自分たちが互いの暴力に対して無力である点でまさに平等だ、という認識も共有できるのではないか。そしてさらに、たとえお互いの価値観や考え方がどれほど異なっていても、暴力による死の恐怖が到るところにある戦争状態は悪である、というその一点では価値判断を共有できるのではないか。言い換えると、平和こそが「共通善」であるという認識も共有できるのではないか。こう考えたわけです。

では、お互いを平等な者と認めた上で平和が目指すべき共通善と考えたなら、その実現と維持のために何が必要になるのでしょうか。ホッブズは平和を実現し維持していくために必要不可欠と思われる一連の条項を「自然法」の名の下に提示しました。「自然法」というのはもともと西洋世界の思想的伝統の中では、神によって人間の理性の中に刻みつけられた善悪の共通の尺度、不文の法のことで、万人に共通する普遍的な倫理法則を意味する概念でした。ホッブズはそれを、戦争状態を厭い平和を実現し維持することを望む人間が、そのための不可欠の手段として発見するはずの一連のルールに置き換えようとしたわけです。それがホッブズにとっての新しい倫理・道徳の内容になるわけですが、その自然法を導き出す基礎として使われたのが「自然権」の概念です。

「自然権」とは、さしあたり自らの生命を保持するために必要な限りのあらゆることをなす自由と定義されています。簡単に言ってしまえば生きる権利ということになるでしょうか。つまり、すべての人間には皆、自然によって与えられた生きる権利がある、ということです。ところで、これも先ほどの人間が皆平等というのと同じで、現代社会ではしばしば当然のこととして語られたりもしているのですが、考えてみるとやはりうまく理解しづらい部分があります。例えば、まず国家とか自治体があって、その国家なり自治体なりが憲法やその他の法律とかで国民あるいは市民の生きる権利、生存権を保障している、と言うならまあ話は分かりやすいと思います。その場合、生存権が侵害されている、と考えられる場合は、国や自治体に訴えてその保障を求めるのだ、ということにもなるでしょう。ところが、自然権というのは、国家の成立以前にも、あるいは既存の国家の内でも外でも、いつでもどこでも成り立つ権利と考えられています。それが権利として守られたり保障されたり、逆に侵害されたり、というのは、いったい具体的にどういうことを意味するのでしょうか。

繰り返しになりますが、ホッブズは自然権を、自らの生命を保持するために必要と考えられる限りのあらゆることをなす自由と定義しました。しかし、たとえ自らの生命や身体を守るために必要なことを行う自由が言葉の上では「自然権」として正当化されたとしても、各人がそれぞれの生きるための自由をまったく無制限に行使できる状態の中では、「権利」として実際に守られ尊重されるものなど実は何もなくなってしまいます。そもそも自然状態では、人々に何かをすることを禁じたり命じたりする権威は何ら存在しないと想定されていますから、人々が自然権を持つ、と言うことは、結局一人ひとりの人間がそれぞれの判断で、自分が生きていくために必要と考えられるあらゆることを自分の力の許す限りしてよい、ということになってしまいます。それは実質的には各人が無制限の自然権を保持している状態、「万人が万物に対する権利を持つ」状態だ、とホッブズは述べています。それはつまり、他者の生命や身体に対してすらそれを自由にしてよい権利をお互いが持ち合うということです。それでは困るから、平和のためにはやはり自然権はどうしても制限されなければならない。それを述べたのが、次の第二の自然法の定式化です。

人は、平和と自己防衛のために必要であると思う限り、他者たちもまたそうする場合には、万物に対するこの権利をすすんで放棄すべきであり、他の人びとに対して有する自由については、自分自身に対して他の人々が有していても許せるだけの自由で満足すべきである。

要するに、他者が持つことを許せる範囲の自由で自分も我慢すべきだ、というわけですね。例えば、他の人々には少なくとも私の生命や身体を自由にできる権利は放棄して欲しいわけです。でもそのためには、自分も同じように他者の生命や身体を自由にできる権利を放棄すべきである、ということになる。お互いが同じようにそれぞれ他者の生命や身体を自由にできる権利を放棄し合った時、初めて私の生命や身体を自由にできる権利を持つのは私だけとなり、あなたの生命や身体を自由にできる権利を持つのはあなただけになる。こうした自然権の相互放棄、あるいはむしろ相互譲渡によって互いの自由の及ぶ範囲は狭まるけれども、そのことによって、まさにその制限された範囲内での各自の自由は、初めて実質的な「権利」として保障されることになる。ホッブズは倫理の役割と内容を、このような各自の自然権を平等に制限し合うことによって、結果的にその制限された範囲内でお互いの権利を守り合う仕組みとして理解しようとしたのです。

さて、以上のようなホッブズの権利についての考え方に特徴的と思われることは、それが徹底した相互的承認の枠組みの中で考えられている、という点です。言い換えれば、互いに他者を自らと同等の者として認め合う関係性の、その起点として自然権が捉えられ、実質的に確保される具体的権利は、その平等な相互承認の効果として考えられているのです。しかも、その関係性の起点となる自然権が、実は他者の自由として導き入れられている、ということがこれまでは見落とされてきていたように思います。実際、ホッブズの権利についての議論はこれまで、各人のエゴイズムの要求をお互いが自分の利益のために制限し合う、というそういう話になっていると見なされがちでした。しかし、もしもそうだとしたら、自然権とは単なるエゴイズムの要求の言い換えであって、自由はどこまで行っても権利にはならないでしょう。単にお互いに制限された範囲内での自由、という意味しか持たなくなってしまいます。そして、その制限は具体的には当事者の話し合いで決めましょう、というだけのことです。すると例えば自分は絶対に人から殺されたりはしないと信じている者同士なら、隙あればお互いを殺し合ってもよいことにしようと約束し合い、それをお互いの正当な権利だと言い張ることにもなりかねません。

ところが、ホッブズは実は、およそどんな約束なり話し合いにも先立って他者に対して認めなければならない自由が何なのか、という問いかけから自然権を導入していたのです。そもそも「権利」は英語ではRightですね。ご存じのように、rightは形容詞では「正しい」という意味です。翻訳語としての「権利」には「権」の字にも「利」の字にも、残念ながらその「正しい」という意味合いがうまくのせられていないわけですが、英語に限らず近代ヨーロッパ諸言語ではだいたい権利を表す言葉は皆この「正しさ」という意味も担っていると思います。つまり、権利とは、それを要求したり認めたりすることが「正しい」と言えるような、そんな自由のことです。そして、ホッブズは、自らの生命が絶えず脅かされているような不安と恐怖の中で、自らの生命と身体を死や苦痛から守るために必要なあらゆることを行う自由を、まずは誰もが他者に対して認められる「権利」（right）として、つまりは「正しい」（right）こととして承認せざるをえないはずだ、としたわけです。たとえ、自分ならそんな状況を克服できるとか、自分ならそんな状況でも他者を傷つけることはしない、と思っているような人であっても、暴力による死の恐怖の中にいる他者に対してはそういう自由を正当だと認めざるをえないだろう、それが自然権だ、というのが、ホッブズの展開した議論だったのです。

さて、ところでもしも人間が、それぞれ独立してバラバラに生きていける存在だったなら、他者の自然権を認めるということは、単に他者が生きていくじゃまをしない、ということだけで済んだかもしれません。ところが、すでに見てきたように、人間は他者の力を利用することなしには生きていくことができませんから、他者たちに生きていく権利を認めるということは、そのために必要な力を提供する義務を負う、ということにほかなりません。他者たちの自然権を認めるということは、自分たちがその必要な力を提供しない場合には、直ちに、他者たちが暴力という手段に訴えてでも生きるための必要を満たそうとすることも正当と認めることなのです。それは、くどいようですが、人間がもともとお互いの力を提供し合う共同社会の中で初めて生きていける存在だからです。

もちろん、すでに見たように、平和のためにはお互いの自然権を無制限に認めるわけにはいきませんから、人々はそれを平等に制限し合い、しかし、まさにそのことによって自然権を守り合うことを約束しあい、そのための仕組みとして国家も形成するわけです。けれどもホッブズはその時、どんな約束や契約によっても決して制限したり奪ったりすることができない権利がある、というわけです。そして、その中には、自らの生命を奪おうとする者や身体に危害を加えようとする者に抵抗する権利ばかりではなく、空気、水、食糧、自らの身体を自由に動かせることと等を始めとする「人間がそれなしには生きられないか、あるいは、よく生きることができないような他のあらゆることを享受する権利」も含まれる、としたのでした。言うまでもなくこれが基本的人権の考え方の起源になっているわけですが、ホッブズにとっては、それこそが、国家の中であろうと外であろうと、我々が他者たちに対して自然権を認める限り、まさにそのことによって他者に提供することを義務づけられる当のものでした。国家の中ではその責任はさしあたり主権者へと委ねられるわけですが、しかしその義務の起源は、たとえどれほどの力を獲得しようと、相変わらず暴力による死の前ではお互いに無力な存在同士である我々が、お互いの生を肯定し合い、承認し合うその関係性の中にあるはずです。ホッブズは人間本性の中に、もっと力になるものが欲しい、生命と安全を守りたい、他人から認められたい、という三つの欲望があり、それらがうまく満たされないことによって人間相互の争いが起こると考えていました。しかるに、生きる権利としての自然権の相互承認とは、実を言えば、他者たちに生きるための力を提供することでお互いを死の不安や恐怖から解放し、そのことで他者たちから認められているという実感をお互いに与え合うことにほかならないでしょう。その仕組みはまた、あの「力の市場」の中での無際限な欲望のスパイラルが失調してしまうことを防ぐ役割を期待されてもいたはずです。ホッブズが「自然権」という概念を用いて三五〇年前に考案したその仕組みが、果たしてうまく機能しえているかどうか、それは、現代の私たちの社会でもなお、試され続けていることのように思われます。どうも長々と失礼を致しました。

司会　伊豆藏先生のご講演内容についてご質問、ご意見を賜りたいと思います。

質問　政策学部の太田です。共存できる承認と、共存できないものは質的に違うのではないか。存在を認められるだけで、果たして承認の欲望が満たされるのか。あるいは優越というものが不可欠なのか、そのあたりどのようにお考えでしょうか。

伊豆藏　まさにそこが非常に大きな問題だろうと思うんです。私は根は一つだろうと考えているんですが、しかし、ホッブズ自身が、人間というのは承認の欲望を自分自身の本性の中に仕組まれた形で持っていて、どうしても優劣を比較して優越感を得たいという思い、そこから自由になれないと考えていた。ところがそれが争いになるので、それを鎮めるには、等しいもの同士として認め合うことが必要不可欠なんだという話にしていくわけですが、しかし、それで果たして本当に回収できるのか。実際には我々の社会はそれ以外に何らかの形のレース、競争、市場的な関係があって、まさにその中で人々はそれなりに自分たちの優越感を得たいとか、勝利者としての満足感を得たいとか、そういう思いを実現する仕組みを人間社会は提供してきたし、今も提供しているんだと思います。

ところがそれだけだと、それが過剰になって破綻してしまう。そのレースから落ちこぼれた時、もう生きていけないのではないかという不安や恐怖を人にもたらし、それが抗争に転化される。ホッブズはそう考えていたと思うんです。自然権を認め合う、少なくとも生きていくために最低限必要なものと、そのために必要な自由を認め合う、それは最終的に国家が形成されれば、その国家の中でお互いに保障し合っていかないといけない。そのことによって承認を勝ち取る欲望のスパイラルが、最終的には緩和される。そこから降りたって生きられるじゃないか、そこから降りたって十分生きられるし、我々はそういう社会や国家というものをつくっていくんだという、そういう考え方が、彼の中にはあったのではないかと私自身は考えようとしているのですが、確かに、本当に皆平等だね、という基本的人権の枠の中だけで、承認への欲望をうまく制御できるかというと、まさにそれは非常に大きな課題で、だからこそ現代の我々の社会でも、その暴発とか破綻とかが、色んなところで問題になっているのは確かにその通りだと思います。

質問　先生のご発表を楽しみにしてきました。というのはホッブズが生きた時代と社会との関係はまったく違うんですが、西暦前六世紀に孔子という人物がおったんですが、この人が一生、悩み続けた問題が承認への欲望だったんです。彼は認められたい、ところが彼はずっと認められないんですね。認められないから、認められないという腹立ちを、これは品格がないというわけです。そこで彼は「他人が己を知らざるを憂えず」、その代わり逆に「己が人を知らざるを憂う」。こういう言葉が七回も『論語』の中に出てくるんですよ。量的に言えば一五%くらいになるんです。それくらい何度も出てくる。おそらく記録でそれだけ残っているということはもっと言っているだろうと思うんです、消えた言葉で。

じゃ、どうしたか。承認への欲望をホッブズの場合は共同の相互承認と言ったようですね、お話では。ところが孔子は逆に自分を引いてしまうんですよ、謙遜する。謙譲というところに行くわけですね。「人の己を知らざるを憂えず、己の人を知らざるを憂う」という形で引く、引くという行為は実は相手に敬意を持つ。慎むということであると。そういう慎むということによって相互の関係をつくるので「礼」というものを彼はつくっていくわけですね。礼は先生のおっしゃる自然法とまた違うんですが、権利ということを放棄するわけですね、引くことによって。そういうことに耐えていけ、人間は耐えていく、引くという形で耐えていけという形の倫理という道をつくっていくわけですね。権利の道になっていかない、彼の場合は。もちろん時代背景も社会環境もまったく違うわけですから、同一に論ずることはできないんですが、ホッブズの方は権利の方に行く、東北アジアの方では引く、謙遜の方へ行くという、この違いというのはどうしてでしょうかというのが、私の疑問なんです。

伊豆藏　大変興味深いお話を今、伺ったと思っています。お答えすることは難しいと思いますが、実際に承認への欲望を、まさに制御するという、制御の仕方は色々ありうるんだろうと思うわけです。ここでは一般的な宗教の話だけしましたけど、まさに孔子に端を発する儒教の伝統の中では、われわれ日本人には、今、失いつつあるのかもしれませんが、謙譲の美徳なんていうのがあったわけで、それが品性のある人間の条件だという、そういう倫理がその社会や文化の中に根づけば、それは一つの社会としての承認への欲望の制御システムになりうるわけですね。ただホッブズの場合は、それを万国共通のと言いますか、あらゆる時代、あらゆる場所でそれを制御できる仕組みはどういうものになるのかということを考えたんだと思うんです。その時に、最低限共通の価値観として共有できるものは何かという時に「自然権」という概念に行き着いた。そういうことがあるだろうと思うんです。彼がもう一つ、戦争状態を想定する時にしきりに言っていたのは、結局、人間は価値観、思想、考え方の違いを収束させることができなくて、それがまた争いの原因になってしまう。だから皆が謙譲の美徳の思想を身につけて、現にそれができれば、まさに一つの理想的な共同体のあり方になるかもしれないんですが、残念ながらホッブズの場合には、それは普遍的な有効性を持ちうるというふうには、時代状況もありますが、考えられなかったのだと思います。神への信仰、高慢を戒めるキリスト教の教えを共有している者同士が、しかし「お前らの神への信仰は違う」と言って殺し合ってしまうという現実の中で、彼はやはりどこでも共有できる枠組みを考えざるをえなかったのではないかと、そんなふうに考えます。

司会　ありがとうございました。今の問題はややこしいけれども面白い、面白いけれども時間がかかるという問題ですので、今日はこれくらいにして。今ご質問があった加地先生にはまた一冊、本を書いていただきましょう。それでは伊豆藏先生のお話を終わりにしたいと思います。

【付記】　この講演は、同志社大学ヒューマン・セキュリティ研究叢書中の『社会と感情』第Ⅱ部第一章「承認への欲望と自然権の思想」の内容を、公開講座向けに一部改変したものである。

責任について

吉永和加

はじめに――責任という問題

皆様もご存じの通り、最近、様々な事件が起こっております。例えば、公職にある人の汚職や、老舗の偽装などですが、その際にはいつも、公職の人間のなすべき責任とか、老舗を保持していく人間の責任ということが言われます。責任ということが、一般にも問題にされているということです。

どうやら責任といのは我々が社会において安心して暮らすためは必要なことらしいということは分かるのですが、しかしながら「責任とは何か」と問われてみると結構、難しい問題だと思います。というのも責任と一言で申しましても、法的責任、刑事的責任、道義的責任という色々なバリエーションが考えられるからです。今日、お話したいのは最後の道義的責任についてです。それがどのように基礎づけられるのかということをご報告できたらと思います。

今日はサルトルとレヴィナスという二人の哲学者についてご報告いたします。私たちは通常、個人として存在して、そして自由で、自由であるがゆえに責任があると考えております。自由な個人としての私が、同じく自由な他人に出会い、そしてそこで責任を果たす、つまり自由な個人というのが私たちの考える責任の基盤となるわけです。これが実際、刑事責任とか法的責任の基盤となっております。しかし実は、今からお話するサルトルにしろ、レヴィナスにしろ、道義的責任をまったく違った仕方で基礎づけようといたします。それはなぜかというと、彼らが、人間というもの、特に自己と他者との関係をこれまでとはまったく違ったように捉えたからです。そこで今日はこの二人について、自己と他者をどんなふうに捉えたのか、責任がいかに考えられてきたのを見て、それを通して私たちが本当に果たすべき責任とはどういうものかを考えてみたいと思っております。

1-0　サルトルにおける自由と責任

まずは、サルトルにおける自由と責任についてです。サルトルについて述べる前に二つほど彼の思想の背景を述べておきたいと思います。一つ目は、彼において絶対的な神がいないことです。これは西欧社会では大変なことでして、道徳倫理の支えになるような絶対的善というものがないことを意味しております。絶対的な善がない中で、一体人間がどうやって生きるべきか、ということを考えなければならないということです。二つ目は、しかもその上で、自己がまず存在して、その自己が理性を用いて世界や真理を把握するという西欧哲学の考え方が、すでに揺らいでしまっているということです。自己が存在して世界や真理を把握するという考え方は、これは独断論ではないかという批判が寄せられたのですが、サルトルもそれを深刻に受け止めたのでした。ですからサルトルの課題は、今の二つのことを受けて「神があること」「独断論であること」を避ける中で、確固としたものではない自己が、何らかの仕方で自己を把握して、どうやって生きていくのかということを考えること、になります。これを特に自己と他者という関係から導出して、責任について考えてみたいと思うわけです。

1-1　意識存在における自己と他者

そこで存在から責任について見てみましょう。サルトルはまず「即自存在」というものを考えます。これは、未だ私とは言えない、ただの存在です。自分自身と寸分もなくぴったりと合致する、肯定せざるをえないような事実的な存在のことです。これは、意識ではないので、それ自体をすら指し示すことのない存在そのものであって、他の何ものから根拠づけられることもありません。サルトルの言葉で言いますと、「創造されず、存在理由をもたず、他の存在とのいかなる関係も持たない、即自存在は、永遠に余計なもの」、となります。つまり、「即自存在」とは、何の根拠もなく、存在理由もなく、ただただ偶然的に存在するものです。

しかしながら、偶然的に存在するということは辛いことですので、何とかこの偶然性を乗り越えて必然的な存在であろうと試みます。それが「対自存在」というあり方です。これは即自存在の事実性と偶然性とを否定し、根拠づけようとするものです。サルトルの規定です。

「対自とは、それがあるところのものではない、対自はそれがあらぬところのものである」。

あるいは次のようにも言われます。

「対自とは、自己の存在であるべきであるという仕方で存在する」。

対自存在は即自存在というただ存在するだけのものを超越して、自己のあるべき姿へと自らを投企するわけです。ところで問題は、ここの対自というところに「他者存在」が絡んでくることです。先に規定を見てみますと、他者存在についてサルトルは次のように言っています。

「彼が自己であることによって、私を排除するものであり、私が私であることによって、私が排除するものである」。

つまり他者存在は私を否定するというのが第一のあり方です。他者存在の否定性と、その自己を超越しているという第二のあり方が、対自の規定と一致するわけです。つまり対自の否定というあり方の中に、他者存在も参入しうるということです。これはサルトルの言葉によっても確かめられます。次の引用です。

「対自は、自己自身として、それがその存在において他者ではないものとして問題になる限りで、他者存在を自己の存在のうちに含む」。あるいは「他者の出現は、対自をその核心において射抜く」。

つまり、サルトルにおいて他者存在というのは、自己の存在そのものに関わるものとして現れてくるわけです。しかしながら、今、対自が即自を否定する、また他者も私も否定すると申しましたが、この自分が自分に対してなす否定と、他者が私に対してなす否定が一致するわけではありません。というのも私は私の勝手で私自身を否定しますし、他者は他者の勝手で私を否定するからです。ですから次のように言われています。

「他者がそれによって自らを私の他なるものとする否定と、私がそれによって自ら他人の他なるものとする否定との間には、いかなる内的否定の関係も存在しない」。

なぜなら、自己の存在が偶然性であるとするならば他者の存在もまた偶然性によって支配されていて、ということは自己と他者の関係それ自体も偶然でしかないからです。そこでサルトルは両者の関係を次のように規定します。

「意識個体は互いに、乗り越えがたい一つの無によって分離されている」。

こういうふうに把握される自己と他者というのは、無によって隔てられているわけですから、直接的な関係は絶対不可能ですし、ましてや両者の一体化というのは全く不可能です。それでは、無によって隔てられていて、お互いに一体化もできない、理解もできない、共感もできないという者同士が、どうやって関係づけられるのでしょうか。

1-2 まなざしの関係と責任

サルトルは否定ということを次のような形で言い換えています。それは、「他者とは私にまなざしを向けているものである」という規定です。つまり、他者は私にまなざしを向けて、私を対象化する者であるというのです。そして、そのまなざしによって私が対象化されると、私は他者の自由なままにある像に固定化されてしまいます。すると、そのことで私は自由を制限されることになります。このことをサルトルは非常に挑発的な言い方ですが、「奴隷化」と言っています。「他有化」、他のものに所有されること、です。こういうまなざしに対して、私はまったく無防備です。常に奴隷化される、他有化される危険に晒されております。私をまなざす他者は、私をまったく勝手気儘に、ある像に固定させます。そのために私は私にとってはまったく偶然的なものにすぎない、私にとってわけの分からない像に固定されて、言わば否定されていると感じます。他人が作る私の像と自分自身が持っている自身の像とが違っていると、これは非常に不安をかき立てられます。恐怖や羞恥を喚起されます。

しかし、ここが重要なのですが、私はその勝手気儘に設定された像を引き受けます。これがまず、サルトルにおける「責任」です。私は、勝手気儘に設定された対象的な像を引き受けなければならないのです。ただ、サルトルの場合、私はそのまま黙っているわけではなく、引き受けた後、その恐怖や不安、羞恥を梃子にして他者を、今度はまなざし返します。今度は他者を対象化することになるのです。

さて、ここで強調しておきたいのは、サルトルにおいて責任が出現すると申しましたが、責任の主体になる自己が初めからいるわけではないということです。というのも私が意識されるのは、いったいいつなのかを遡って考えてみますと、他者が出現して私がこの他人ではならぬという限りにおいてのみ、私がいるからです。他者が私を否定した時に、初めて私というものが生じてくるからです。そしてまさに私が成したのではない対象像を私が捉え、さらにこれを責任というものによって引き受けることによって、やっと「私は私である」ということができるわけです。その裏で、「他者は他者である」ことができることになります。

この責任について次のようにサルトルは言っています。

「この他有化され、拒否された〈私〉は、他者に対する私の絆であり、同時に、我々の絶対的な分離の象徴なのである」。

そして次です。

「私は私の存在において永久にこの分離の責任者である」。

付言すれば、他者もまた我々の根源的な分離の共通責任者であるとも言われています。

私というものが出てくることはお話ししましたが、実は他人というのも、私にまなざされて出てきます。そして、私が恐怖や羞恥というネガティブな気持ちを梃子にして相手にまなざしを向け変える場合、今度は私が他者存在に関する責任者になります。次の引用です。

「私もまた、私自身の可能性である他者の否定を行う責任者である限りで、私は、私についての一つの明らかな意識を持つことができる」。

次も、です。

「私がこの自己性を実現するために私自身に向けて私を投企する限りで、他者の存在の責任者はまさに私なのである」。

そして付言すれば、他者もまた、私によって構成された像を引き受けなければならない限りで、他者もまた責任を担っております。そこで次のように言われます。

「事実、他人と私は、他人の存在に関する共通責任者である」。

こうして自己と他者は偶然的な無によって隔てられつつ、互いにその存在の根拠になります。そうなるのはなぜか。そもそも確固として自己も他者もない。ですから互いによって自己、他者になるわけです。その時には互いにそれぞれ自由であって、まなざしを介して両者は相互的であり、対等です。ただし、まなざされた方は自由ではなくなる。だから、まなざし返す。今度は自分が自由になるために、です。このようにまなざされ、まなざし返すという「自由の相剋」というものを可能にしているのが、責任という引き受けの関係なのです。

私の責任とはいったい何かを二つ申しますと、次のようになります。一つ目は「他者に規定された像を引き受けること」。これが一つ目の責任です。また二つ目、「責任は他者にまなざしを向けて、規定すべく自己を投企する」、このことにおいてまた責任を負います。そして、他者も同様に同じような責任を負います。このようにサルトルの自由と責任を見てみますと、確かに人間の自由と責任とはリンクしています。もし「私」が出てくる前にまで遡って自由かどうかを言いうるならば、「即自存在」は自由だと言えますし、「私」が出てくる対自の自己否定も、私の自由に依拠しています。そして、その自由ゆえに、私は対自のあり方に責任を負います。また、自己と他者は、自由において対立しつつ、その対立の基盤を責任に負うことになります。その際には、自己と他者は無で隔てられています。ただここが重要なところですが、レヴィナスと比べてサルトルの場合は、自己と他者が相互関係を持っていて、自己と他者とが対等であるところに特徴があります。

2–0 レヴィナスにおける責任

次に、こうした議論とレヴィナスという人の議論とを比較してみたいと思います。レヴィナスの思想の特徴を二つほど申し上げておきますと、一つ目は、全体に関わることですが、彼の場合は、自己と他者とを同一化する全体化作用を一貫して否定していることです。彼は全体主義の批判者であるので、例えば理解、共感も他者を自分に同化すること、すなわち全体化作用だとして否定します。ですから自己と他者とは決して共通の平面に立つことはありません。共通点、共有物も持ちません。つまり、徹底的に他者を自己から超越したものだと考えております。そして二つ目の特徴としては、特にそれは後年、大きな特徴となって出てくるのですが、意識としての人間、存在論、これを徹底的に否定してしまいます。ですから、サルトルとは違う地歩に立つことになります。そこでここでは、レヴィナスの二つの主著である『全体性と無限』、『存在するとは別の仕方で』において責任を検討してみたいと思います。

2-1 『全体性と無限』における責任

まずは、『全体性と無限』について見てみたいと思います。ここでは、レヴィナスはまだ自我の内面性を残しています。どんなふうに残しているかと言いますと、これは「享受」という経験においてです。享受とは何か。これは私たちが空気を吸ったり、食べ物を摂取したりして、糧というものを得て、それによって生きることです。つまり自分ではないもの、他なるものを自らのエネルギーとして自分自身の内容として生きることです。これは言い換えますと、世界という他性を自分へと同化することです。このことについてレヴィナスは次のように言っております。

「世界という〈他なるもの〉に対する〈自我〉の態度は、世界を自分の家として実存しつつ逗留し、自己同定することである」。

ここで起こっているのは自己中心的な欲求の充足です。そして感受性というレベルで内面性というものを成立させております。しかしながら糧、これは食糧と端的に考えてもいいかと思いますが、食糧のような外的なもの自我との関係を成立させている環境、取り巻いているものは、ただ「ある」のみです。つまり、それは無起源で無規定です。ですから享受する感受性は確かに内面性でありうるのですが、それは実は周囲を虚無に囲まれて、限界づけられて、しかもいつ食糧がなくなるかも分からないという形で、常に裏切られる可能性にさらされております。こういう状況で、どういうことを望むか。現在を延期して何とか享受を引き伸ばし、未来を統御しようとするわけです。この「享受の延期」というのは、例えば労働や所有などという形態を取ります。そして享受の延期を考えた時に初めて時間や意識などの次元が開かれることになります。これは、死に抵抗する身体などにも端的に現れているかと思います。

この段階で直接的な享受の次元を超えて、人間は自由、つまり労働や所有などを自分の意志でなそうと自由を獲得します。ただし、ここで得られる自由な自我は、あくまでも他に依存し、そして他からの裏切りに怯えるという意味で、まだ未決定で、未熟な自我です。ここに「無限の他者」というものが到来するのです。この他者というのは、レヴィナス独特の言い方ですが、「顔」において現れます。この顔は何を表しているか。無限というものを表しているとレヴィナスは言います。顔について、説明が必要かと思いますが、顔についてレヴィナスは「いかなる形態からも逃れるものである」、こんなふうに考えています。そして、それゆえに、どういう性質かということも言い表すこともできない、見られもしないし、触られもしない、こんなふうに顔を規定します。このことで何が言いたいかと言いますと、「顔というものはいかなる内面性にも還元されない絶対な外部性である」と考えているわけです。ですから、この顔は、それを迎えようとする私から無限に遠ざかっていきます。

そういう顔を私、自我が受け入れようとするとは、新たなもの、無限を迎え入れることにほかなりません。そしてその他者こそが、実は私が安穏と無反省のままに享受している享受の自己中心性、あるいはその所有や労働に対して「否」という言葉をつきつけます。私が今まで享受していた独断的自由を審問すべく言葉を発するわけです。そういう独断的自由を審問する他者に対して私、自我は、この問い掛けに応答しなければなりません。ここがレヴィナスの「責任」が成立する場です。レヴィナスは次のように言っております。

「顔が開始する根源的言説の最初の言葉は責務であり、いかなる『内面性』もこの責務を免れることはできない」。

あるいは、

「私は責任あるものとして生み出される」。

次のようにも言われます。

「責任あるものとして私は自分の究極的実在に帰着する」。

つまり私は、自己中心性でしかなかった反省されない自由を、今度は正義たらしめるべく、その独断性を自ら問い続けることになるのです。

さてここで描かれている「他者」とはどんなものか。まず自我の自由を制限するものではありません。そして敵対するものでもありません。そして自我を傷つけるものでもありません。レヴィナスの他者の規定は次のようなものです。

「〈他者〉は〈自同者〉をその責任へと誘うことで、〈自同者〉の自由を創造し、この自由を正当化する」。

ここで言われている他者と自己の関係、また、その自由と責任の関係はサルトルとは全然違います。サルトルにおいては自己と他者は自由をめぐって、まなざしを向けたり、向けられたりして相剋の関係にあったのですが、レヴィナスの場合は、他者は責任へと私をもたらすことで私を自由にさせてくれる者、こんなふうに考えられています。それは、次のような文言になります。

「自由と責任の合致が自我を構成する」。

ここでちょっと注意しておきたいのが、自我と他者の結びつきのレヴィナスにおける特殊性です。レヴィナスは、自己と他者の結びつきは特殊なものだと思っています。というのも私たちは自己から出発してしか他者に向かえない。他者から自己へ向かうことはできないし、他者と自己を等分に見るような視点を持つこともできないからです。そういう意味で、初めから自己が他者を見る視線は歪んでいるわけです。レヴィナスは他者のことを自分よりも高い、神様のようなものと言ったり、自分より下にいる寡婦とか、孤児とか、貧者とか悲惨なものと言ったりします。そういう言葉で何を表しているか。「他者が無限に超越している」。このことだけを言いたいわけです。そしてその他者の無限の超越に私の責任というものが対応します。次のようなことです。

「責任の無限性とは、それが現在膨大であることを表しているのではなく、引き受けられるに応じて責任が増大していくということを表しているのである」。

あるいは、

「私が自分自身に対して要求しうるものは、私が、〈他人〉に対して正当に要求しうるものとは比べようがない」。

つまり、レヴィナスにおいては自己と他者は絶対的な非対称の関係にあります。これが『全体性と無限』における「責任」のあり方です。

2-2 『存在するとは別の仕方で』における責任

さらに次の主著である『存在するとは別の仕方で』における責任を見てみましょう。ここでは微妙にレヴィナスの責任の把握が変わっております。もっとラディカルになるとでも申しましょうか。そこで、まずは自我の捉え方がどんなふうに変化したのか、それがどんなふうに責任概念の変化に連動しているのかを見たいと思います。

レヴィナスにおける自我の捉え方の変化は、特に「享受」というものの捉え方の変化に現れます。『全体性と無限』の中では享受というものは、他なるものを同に変容させて、自分の生の内容にすることと規定されていました。これが『全体性と無限』の中では主観性の起源であって、反省されない自己中心性でもありました。

しかし、『存在するとは別の仕方で』では、こうした享受の捉え方が微妙に変わっています。

「――パンを通して自分の心を贈与するために――贈与しつつ自分自身を贈与するために、前以て自分のパンを享受しなければならない」。

ここで面白いのは、享受が自分の心を贈与するためにある、これは享受が他人のためにある、ということです。つまり、「他のために」という目的のために不可欠なものとして享受が捉えられていることになります。そこで、こういうふうに享受の捉え方が変わってきたことを見た上で、クローズアップされるのが「苦痛」というものです。どうして苦痛がクローズアップされるのか。それは、苦痛が自我中心性の享受の只中で起こる「自己に反して」だからです。「自己に反して」、次の引用をご覧下さい。

「（苦痛の切迫は）感受性の鼓動であるこの不完全な幸福を、即座に『核分裂』させてしまう」。

苦痛は自己中心性、自己保存を炸裂させるものなので、それによって享受の自己同定は否定されてしまうことになります。同時に享受が持っていた自我の根源性という、特権的な地位も否定されることになります。そして新たにレヴィナスは、苦痛にこそ、感性的な直接性を表すものという地位を与えます。次のように言います。

「苦痛の可能性は、すなわち感受性とは、痛みを覚えうるという感応性であり、――つまりは感傷性なのである」。

ここで自我に対する捉え方が決定的に変わります。つまり、「享受の感受性から苦痛の感傷性へ」と変換が行われたのです。苦痛をもう少し詳しく言いますと、それは意志とは関わりなく身体が伴う労苦のことです。これは自分自身に対する逆行性です。しかも、それは生きる努力の中に必ず内包されている逆行性でもあります。その時、重要なことなのですが、私たちは苦痛に対して引き受けるとか、引き受けないとか、意志を働かせることはできません。苦痛は、引き受ける、引き受けないという意志以前に、自己が被ってしまうものです。こうした苦痛の中に、レヴィナスは絶対的な受動性を見出しています。そしてこの受動性の中に、つまり何かを絶対的に被ってしまうことの中に、外から与えられる傷、外傷を与えるものとしての「他者」が想定されると考えております。

苦痛の「自己に反して」。問題になるのは、自己の身体それ自身が宿す自己に反して、としての老いです。老いというのは何か。私の身体が常に孕んでいて、ついにはその肢体を死に至らしめるプロセスのことです。つまり老いとは自己が分裂しつつ、しかも分裂した同と同とが再び結合しえないような事態です。その時間の推移というものは、回収することができません。回収されないとは現在にすべてを集めることができないということですので、「存在の全体化」が遂行されることもありません。

こういうふうに苦痛や老いという、自分の中で自分がずれていくプロセスを見てみると、いつも同というもの、自分というもの自体が、自分からずれ続けるものであることが分かってきます。自分自身も全体化されえないことが分かってくるわけです。それに対して西洋哲学が考えてきた意識の営みはどういうものであったか。それは、同が変容された同を取り戻すことと考えられています。しかしながらこれは、存在自身が自己を喪失するとともに自己を再び見出し、さらには現れることによって自分を所有することであり、または言葉というものを使って自分を同一化することであると考えられます。そして、自分というものを「言語によって同一化する」ことを通して、自己というものが普遍的主体の形態をまとって庇護されることになります。しかしながら、老いや苦痛で見ましたように、実際には主体は自分が意識しているものと合致しません。こういう形で、レヴィナスは「意識の営み自体が全体化作用を行うものである」と言って意識を否定するに至ります。これは、単に意識を否定したというだけに止まらず、西洋哲学が大事にしてきた意識としての主体、自己意識としての主体を全部否定し、廃棄することにつながります。

こうしてレヴィナスは『存在するとは別の仕方』の中で「苦痛」、「老い」というものに着目して、「感受性」を「感傷性」と捉え直します。そしてそれによって西洋哲学における自我の概念、つまり存在や自我中心性や意識というものも破産させます。このことをレヴィナスは「存在や自我の帝国主義の崩壊」と申しております。これはついでに言えば、サルトル的な自我をも払拭することにもなります。

さてこういうふうにして、「私」というものが存在からも離脱させられ「意識」からも離脱させられ「言語」によっても捉えられない、と言われることになりました。このことをレヴィナスは次のように断言しています。

「私と命名されるような何かが存在するわけではない」。

大胆なことを言うなと思いますが、では、「私の唯一性」とは何か。これは次のように言われます。

「自己同定されることもなければ知に対して現れることもない、破産する痛点」。

そういうものについてたとえ「私」と呼んだとしても、これは単なる言葉のまやかしでしかないとレヴィナスは言います。しかしながら、「私」というふうに一人称で表現することもあるわけで、これはなぜか、どうして「私」と言いうるのか。これについてレヴィナスは、「自己に反して到来する他者からの呼びかけ、指名があってこそである」と言います。この呼びかけは自己に反して現れてくる、言わば外傷です。これを主題化することはできません。しかもこれを回避することもできません。次のように言われます。

「――自己自身は、受動性のうちで直ちに、唯一無二のものとして召喚されており、この召喚に屈服しないことを許すような何ものをも持っていない」。さらに「〈自我〉からその帝国主義を剝ぎ取りつつ、他―触発は、新たな不変性、すなわち絶対的対格に従属した自己を創始する」。

「私」が、絶対的対格で現れるということは、裏返せばそれが主体ではないということです。「私は」と先に現れるのではなく、呼びかけられて私が誰かから「何々を」という形でしか現れえないということです。ですから、「自己性」というのはレヴィナスによれば、初めからすでに「外から同一化された一つの点である」ということになります。主体というのは無起源の他者に従属していることになるわけです。ここにおいては『全体性と無限』で言われていたような内面性もなければ、サルトルが最後に持っていたような即自存在もありません。

では、こういう私を召喚する「他者」がどこから到来するかを見ていきたいと思います。ここにレヴィナスは「近さ」という概念を導入します。近さにおいて到来するのだと言います。ところが「近さ」も特別な言葉でありまして、これは空間的な近さのことを意味しているのではありません。これは無起源に限りなく近づくという形での接近のことです。言い換えますと「意識に還元不可能な絶対的な外部との特殊な関わり方」のことです。近さというのは決して自己と他者との隔たり、差異を消失させるためにあるのではありません。そして、この隔たりがいつも保たれているがゆえに、自己は他人に対して無関心であることもできません。実はここで「責任」というものが出てきます。隔たり、差異を担うのが責任です。そして責任というのは具体的には召喚されるという極度の受動性のうちで「主体」というものを現してくるのです。

ここから責任について、新たな局面が開かれます。他者から召喚されますと、私は応答責任を負いまして「我、ここに」と「私」というところに連れ戻されます。この私というのは普遍的自我ではなく、具体的な私です。そして絶対的な受動性でもって、その責任を負わなければなりません。ですからその時には私はこの責任から逃れるような自由を持っておりません。そのことをレヴィナスは「絶対的受忍」として、次のように言います。

「存在することの苦しみと過酷さのすべてが、それを支え、それを贖う一点に重くのしかかる」。

つまり私、「我、ここに」と連れ戻される私というのは、もう自己という広がりをまったく持たずに追放されており、普遍的自我のような避難所も持っていません。それゆえに、召喚に応じる責任は、その受動性に押されたまま「他者」へと踏み出さざるをえなくなります。それが次のように表されます。

「〈他者〉に対する責任は――いかなる受動性よりも受動的な受動性であり――他人への曝露である」。

そしてこの責任の受動性が究極的に収縮しますと、今度は私は「他者の身代わり」へと転じます。これが次のように表されます。

「この〈非場所〉へとあなたを追い立てたすべてのものの身代わりになるほどまでに、自己に追い詰められている」。

私は身代わりに転じるまでに追い立てられてしまうわけです。ここで「他人によって」から今度は「他人のために」と転換が起こります。つまり他者の苦しみを、他者の過ちを、他人に代わって負うことに転化するわけです。それはさらに他者の責任それ自体をすら、自らの責任として背負うことにつながります。ここで実はレヴィナスにおける「倫理的な善良さ」というものが現れてくるのです。

おわりに——サルトルとレヴィナスの責任の違いについて

さて最後に振り返ってみたいのですが、これまで、サルトルとレヴィナスにおける自己と他者の関係を見て、そこから責任について考えて参りました。その時に特徴的であったのは、そもそも「自己はそれ自体として自己なのではないこと、他者によって自己となること」、でした。とりわけレヴィナスの後期の著作『存在するとは別の仕方で』では、サルトルの即自存在のようなものすら否定されてしまいます。「無起源の他者によって自己が痛点として召喚されて出てくる」だけです。ただ両者において共通であったのは、「自己と他者とは無限に隔たっていて、共感や理解は不可能である」ということでした。

そういう時に両者をつなぐものとして出てくるのが「責任」です。責任が、かけ離れた人と人とを結びつけると考えられていたのです。サルトルの場合には「自由の相剋」というものがあって、それを基礎づけていたのが責任です。そして、レヴィナスの場合には「責任によって人間は自由になる」と考えられていて、自由だから責任を負うのではなく、まったく逆で、責任があるから人は自由になるのだ、という転倒が起こっていました。さらにレヴィナスの場合に特徴的なのは、自己と他者とは自由においても、責任においても、対等ではないということです。責任を負うのは私だけです。自己のみです。そのことを最後の締め括りとして読んでおきたいと思います。

「この平和は、私の責任の下での平和、私を人質とする平和、命に関わるほど多大なリスクを冒して、私がただ一人で確立するべき平和なのである」。

これがレヴィナスの考える「神がない後、しかも確固として自我の崩壊した後に築き上げる倫理」となったわけです。以上です。

司会 普通は自由があるから責任があるということですね。一般に自由平等という時の自由は、お互いが皆、自由である。そういう意味で平等ですね。自由を持った存在にとって責任が問題になる。刑法で「責任能力がない」と判定される場合はどういうことか。それはその行為の責任を、その人の自由に帰すことができない場合ですね。サルトルの場合は互いに自由なもの同士がいて、その自由のゆえに相手に対する責任が発生すると。自由と自由との関係の中で責任が発生するということなのですが、サルトルが考えた自由、意識ということ、サルトルの言葉で言えば「対自」という意識の構造ですが、そのことをレヴィナスは問題にして、結局、デカルト以来の西洋哲学の私とは何か、「私が思う」ということですね。でも私が思うということは「私が何か思っている時、私はその自分が思っていることを知っている」ということなんですね。西洋の自我を規定している意識はレヴィナスが言うように「自己意識」なんですね。レヴィナスに言わせれば西洋哲学の最大の発明だというわけですが、なぜそんな褒め上げるかというと、その次にそれを全部否定するためだからです、と思うんですが。そういう自己意識を否定した後で、自我、私とか他者をどのように考えるか。他者を考えるためには西洋の伝統的な自己意識を否定しなければならないという前提を、レヴィナスは持っています。

レヴィナスが考えたのは、サルトルやこれまでの西洋哲学の考えたような「自己があるから責任がある」という対概念ではなく、最初に責任があるという仕方で私が存在させられる。他者によって存在させられるから私は自由を持つんだ」と逆さまにひっくり返してくるわけですね。吉永さんがレヴィナスを二つに分けて分析されましたが、後者の分析は哲学的には中身は前者と違いますが、レヴィナスの思想の全体の中では、自由があるから責任があるのではなく「他者に対する責任として私が存在する。その上で自由が発生する」とレヴィナスは考えているわけです。だけどこういう責任概念を、今の法体系とか、現在、行われている責任の中に、これを入れていったらどうなるか。多分、ある意味では面白い思考の実験であるかもしれませんが、ややこしいことであることは事実です。

他方、同時に他者を認めようとすれば「我思う、ゆえに我在り」という自己意識に基づく西洋の自我観を一回やめないといけないことも事実なんですね。レヴィナスは他人がいるから私がいるということです。だけどレヴィナスの一つの矛盾は、私がいるのは他人がいるからだ、その他人は別の他人がいるからだ。そういうふうに、ぐるっと回るとしても元に返ってきたらいけないのです。そうすると最後は皆、平等になってしまう。いつまでも斜めになっていないといけない。平等ではない。人間関係は斜めになっていく、その行き先はずっとずっと、ある種の神的な存在を置かないといけなくなるわけです。レヴィナスは言いたかったのは「自由があるから責任がある。自由の上に責任が成り立っているという、これまでの西洋哲学全体の考え方では他者を正当に他人として我々は経験することはできないだろう」と。なぜかと言うと、他人は私が考えた、私にとって見えた、私が経験した他人でしかないからですね。そうではなく、本当に他者を他者として赤裸々に、その存在を我々が受け入れるにはどういうふうな自我についてのあり方、他者についてのあり方を考えるかということから、こういう吉永さんの発表になったわけです。

色んな問題があると思います。それぞれの立場でこの問題は引き受けて考えられると思いますが、その点、ご意見なり、ご質問なりありましたら。

質問　研究センターの加地です。西洋哲学はわかりませんので。サルトルという人の話、まなざしの相剋とか、他人の存在に関する共通責任者だと。例えばダルマさんのにらめっこの話があるでしょう。まなざしをお互いにやるわけですね。「ダルマさん、ダルマさん、にらめっこしましょ。笑うたら負けよ」。笑ったらいけないんですか。まなざしでお互いにらめっこやって、笑うたら負けで、を責任の話でやってくれませんか。笑ったら負けよと。自分の方が滑稽だと意識する。笑わなかったら負けにならない。これは共通責任や、というなら笑った方が負けなんですか。相手の責任はないんですか？

吉永　とても面白いご質問をありがとうございます。実は、先生がおっしゃるにらめっこという状態自体が、まなざしにはないのです。つまりにらめっこというのはお互いに同時にまなざしを向け合うことですよね。サルトルの場合は、これが必ずどちらかが、まなざしを向けるという形でしか関係が成立しないんです。私が加地先生のお顔をまなざすと、加地先生は私にはまなざしは向けられない。加地先生が私にまなざしを向けられると、私はまなざしを向けない。こういう形でしかなくて、お互いに見つめ合うということは実はサルトルには想定されてないのです。

質問　なぜ想定してないの？

吉永　そこが問題だと思います。両方が同じように自由であって、同時に自由を行使するということがないのです。加地先生が自由でいらっしゃる時は私が自由ではなく、私が自由な時は加地先生は自由ではいらっしゃらないという状態が互いにどんどん反転する。一致することがないので、サルトルにおいては愛もないのです。

質問　よく分かりました。おっしゃる意味が。賛成はしませんけどね。

レヴィナスは『存在するとは別の仕方で』で「パンを通して自分の心を贈与するために——贈与しつつ自分は自

身を贈与するために、前もって自分のパンを享受しなければならない」。プレゼントする前にちょっと味見しておくということですか？

吉永 興味深いご質問ありがとうございます。ここは、補足が必要なところだと思います。私がパンを食べて、余ったのを人にあげるという話ではなく、人にあげるために自分で持っておくわけです。自分の口からそのまま与える。もぎ取られる状態です。自分は食べないんです。私がパンをくわえている。それは自分で食べて自分のものにするためではなく、くわえておいて人が取っていくために。人が自分のものにするためにプールしておく、そういうことです。

質問 パンをくわえて持っているわけですか？

吉永 比喩で、この時に自分が持っているものを全部を人にあげるために持っておくという状態です。

司会 味わっている、自分の幸福な部分をあげるわけです。その部分を人にあげるのが本当にあげるということだ。自分の存在そのものを委ねるというニュアンスです。

質問 ただピンハネして食べるんかな、という話で読んだのですが。

最後に近さというのは無期限なものに限りなく近づくということは何か。無期限に限りなく近づくというのが、空間的でないというのが理解できない。

吉永 空間というのは一点を定めますと近づくと必ず到達しますよね。空間とか時間の軸で考えてしまうと、いつか必ず一致することになりますので、レヴィナスは空間、時間という私たちの考えているようなものではないところに近さを設定するのです。

質問 ものの広がりではなく、感覚の中に？

吉永 そうですね。無限というものを考えていた時に、無限なものにいつまでたっても近づかない。近づけば近づくほど遠ざかっていくというものを、レヴィナスは「近さ」という言葉で表現しているのです。

質問　分かりました。

司会　近さというのは「遠さ」です。人と人との関係のことです。無限というのは他人なんです。空間の関係は意識の関係ですけどね。デカルトが「我思う、ゆえに我在り」の我思うでは近づけない、もっと近いものです。人と人との関係です。

質問　関係は持てないわけですね。それでは。

司会　そう考えないと「他者を知る」という経験がうまくいかないんですよね。多分、私が先生を知る、他の人を知るということは、他の世界を知るということは全然違うと。姿形を知覚しますが、それとは別の仕方が人と人との関係の中では動いている。それが責任があって自由があるという形で言われるしかないような事柄だ。

質問　愛情とかでは？

司会　愛情ということでも表現できますが、それをデカルト風の西洋哲学の意識、自己意識で考えると、そういうふうに理解して愛情では捕まえられない。愛情とか他の人との間の愛を考えるためには、多分、西洋のこれまでの伝統的な意識、自我の環境を変えないといけないと。実際、我々が経験していることだけど、哲学は少なくとも近代西洋哲学はそれを説明できていないということです。

質問　サルトルの『存在と無』というタイトルを見て懐かしく思いました。その頃に池田聡さんが自由と規律についてイギリスのパブリックスクールのことを言っていました。そのことで、私学の自由自立の精神、公教育においてサルトルやレヴィナスがどういう態度を取っていたのか。

もう一つはホッブスの報告についてで、一九二〇年のピューリタンのメイフラワーによる北米移住の行動に対してホッブスは同時代人としてどういう評価をしていたのか。

質問　彼自身がそれについてどういう評価を下していたか、私は残念ながら知らないんですが、当時としては宗教的な迫害と弾圧があって、彼自身、一つの課題はそれをなくすような政治のあり方を、どうつくり出すかということだったと思います。その意味では当時、同じキリスト教という宗教の中で、なぜ、迫害したり、弾圧したりしなければいけないのか。そういう課題の一つとして意識はしていたと思いますが、具体的に移住そのものについて、どういう評価をしていたか。一般的な課題の中の一つとしてはあったかと思いますが。

吉永　サルトルについては、大学教育にせよ社会活動にせよ、彼にとってはアンガージュマンとして、つまり投企の一つの表れとして考えられていたと思います。大学の紛争にもコミットしていましたし、学生運動にもシンパシーを持っていたようです。レヴィナスに関してはそこのところでは存じません。いずれ勉強しておきます。

質問　甲南女子大学の井上です。社会学の立場から言うと「他者」という場合には自分と同じ平面にいる他者を考えるわけです。皆さんが私にとって他者であるように。社会学で考える他者とは違う存在で、ある種の絶対的外在者を他者と呼ぶという、それに対して自己はある種の受動性の中でしか成立しない。我々はそういうものを「神」と呼んでいるわけですね。神と他者というものが、レヴィナスの場合にどういう関係にあるのですか？

吉永　そこが私も昨今、一番気になっていたところです。レヴィナスの場合は「一点に凝縮された自分が、受動性のままにどうして他者にいくのか」ということか問題になると思います。その時に、レヴィナスはその背後に「善」を置いています。大文字の善を。「善が私をして受動性のままに自己を召喚して他者への責任へと追いやる。しかも他者の身代わりまで引き受けるように追いやる」と考えています。善と同時にもう一つ問題になってくるのは私が、他者の向こうに無限を見る時の「無限」です。この時もレヴィナスは大文字で「無限者」と置きまして、これが非常に怪しい存在です。神なんじゃないか、と私もしばしば思うんですが、善と無限者に関しては、ほとんど神なのでないか。ただ、ギリギリのところでレヴィナスは踏み止まっていまして「神の死後」という言葉を『存在するとは別の仕方で』の中で二回ほど言います。「神の死後にも善は生き延びる」とか、あるいは「神の死後も無限者はいる」というわけです。無限者、善は実体化されるか。それもギリギリのところ実体化しない。そこでどういうふうに逃げるか。言語の語るもの、語られるもの、レトリックの中に逃げるんじゃないかなと思っています。「語られたもの」の中に「神」というものが現れていますが、それが本当に神なのかどうか、分からない。「神と呼んでいるだけだ」という形で逃げているように思います。私もレヴィナスの「他者」はずっと神みたいだなと思っていて、それは拭えないところではありますが、しかしながらレヴィナス自身も、そのことは自覚しておりまして「顔は隠れたる神ではない」とわざわざ断っております。ご質問、ありがとうございました。

司会　ありがとうございました。熱心に聴いていただきまして、討論にも参加していただきました。これで第三回のヒューマン・セキュリティセンターの公開講座を閉じさせていただきたいと思います。どうもありがとうございました。

第4回　子どもの危機・大人の危機

阪本恭子　ドイツの「赤ちゃんポスト」に学ぶ
――現代「子捨て・子育て」事情――

井上　俊　社会の変化・変化の社会

「ドイツの『赤ちゃんポスト』に学ぶ——現代『子捨て・子育て』事情——」　二〇〇七年五月、熊本市の慈恵病院が「こうのとりのゆりかご」の運営を始めた。いわゆる「赤ちゃんポスト」である。ドイツの「赤ちゃんボックス（Babyklappe）」をお手本として、匿名の実親から子ども（新生児）を引き取る日本初の設備となった。病院が設置を発表した二〇〇六年下旬以降、そうした措置をめぐる議論が、関係者をはじめ、マスコミを通じて社会全体に広がった。運営開始から約三カ月（二〇〇七年九月現在）ですでに八人の子ども（新生児と乳幼児）が捨てられている。本発表では「赤ちゃんポスト」について、ドイツとオーストリアの現状を紹介しながら、匿名で子どもを他人に「預ける／捨てる」ことの意味と問題点を指摘して、今後日本で必要な社会システムの検討課題を挙げたい。その中で、子どもの生命とその安全を守ることの意義を考えたい。

「社会の変化・変化の社会」　社会は絶えず変化している。しかし、歴史的に見ると、とりわけ大きな変化が現れる節目のような時期がある。先進的な諸社会の場合、大まかにいって一九二〇年代がそのような節目の一つであったと言われる。大量生産方式が確立し、絶えず新しい商品が市場に提供され、それらを宣伝する広告がメディアによって社会にあふれる。いわゆる大衆消費社会の登場であるが、この変化が大きな要因となって「リスク社会」と言われる今日の状況が生み出されてきた。消費社会からリスク社会への変容について、社会学の立場から考えてみたい。

ドイツの「赤ちゃんポスト」に学ぶ

――現代「子捨て・子育て」事情――

阪本恭子

「ドイツの『赤ちゃんポスト』に学ぶ」ということでお話をさせていただきます。タイトルは「学ぶ」となっていますが、「反面教師として学ぶ」ということも含めて皆さんにお話したいと思います。ドイツの「赤ちゃんボックス」、日本の「赤ちゃんポスト」は、その言い方が妥当かどうかについて議論はありますが、今回は取り敢えずドイツに関しては「ボックス」、日本に関しては「ポスト」、オーストリアに関しては「住処」という名称を使わせていただきます。ボックスが設置されるに至った背景と現状、日本と同じくドイツのボックスを見本にして同じ設備をつくったオーストリアの例を取り上げて、その法令と現状を紹介します。そして熊本のポスト「こうのとりのゆりかご」の現状と課題を考えていきたいと思います。

ドイツの事情

ドイツのボックスの背景とボックスがつくられるようになった理由をいくつか挙げておきます。人工妊娠中絶に関してドイツでは専門家との相談義務が法律（刑法二一八条と二一九条）で定められています。中絶件数は年間平均一三万件前後です。日本が三一〜三三万件ですから約半数です。安易な人工妊娠中絶は基本的に不可能で、相談に際しては基本的に出産を勧めて、出産できない場合は養子縁組を提案することが国の政策として進められています。一九九八年に自分の子どもを殺害した時の罪に関する法律（刑法二一七条）が改正されました。これまでは非婚または未婚の女性に対して優遇措置がありました。ところが、九八年の改正によって、結婚していても、していなくても自分の子どもを殺した場合に問われる罪が同じになりました。このことで子どもを抱えた非婚の女性の困難な状況が極まることが予測されたわけです。続く一九九九年、前ローマ・カトリック法王ヨハネ・パウロ二世がある声明を発表します。これは九五年に教皇が発表した回勅『いのちの福音（エヴァンジェリウム・ヴィターエ）』の流れを組むもので、そこには基本的に「中絶は罪である。最も人間が犯してはいけない罪である」ということが書かれています。その流れをさらに受けて、ドイツにあるカトリック系の中絶問題相談所が、中絶手術に必要な書類を発行することを一斉にやめました。ドイツにある相談所のうち、約三分の一がカトリック系です。

一九九九年には「カリタス」というカトリック系の女性支援団体がモーゼのプロジェクトの一環でボックス第一号を設置しました。ここは利用者がゼロの年が続いたことや、家族、妊娠、出産に関する相談窓口といったボックスに代わるサービスを強化するために、ボックスそのものは閉じています。二〇〇〇年にシュテルニパークという社団法人がボックスを設置しました。この社団法人は現在なお活発にボックスをドイツに広める活動を展開しています。慈恵病院の方たちもここを訪問して、そこのボックスシステムや運営方針を参考にしています。二〇〇八年一月現在、計画中のものを含めますと、約八〇のボックスがドイツ全土にあります。ほとんどが民間民営の団体や公立・私立の病院に設置されています。

女性支援団体カリタスのプロジェクトの宣伝カードでは、「あなたの赤ちゃんを私たちにください」と書いてあります。先程の教皇の声明も、このモーゼのプロジェクトも要するに「子どもは妊娠したら必ず産んでください。

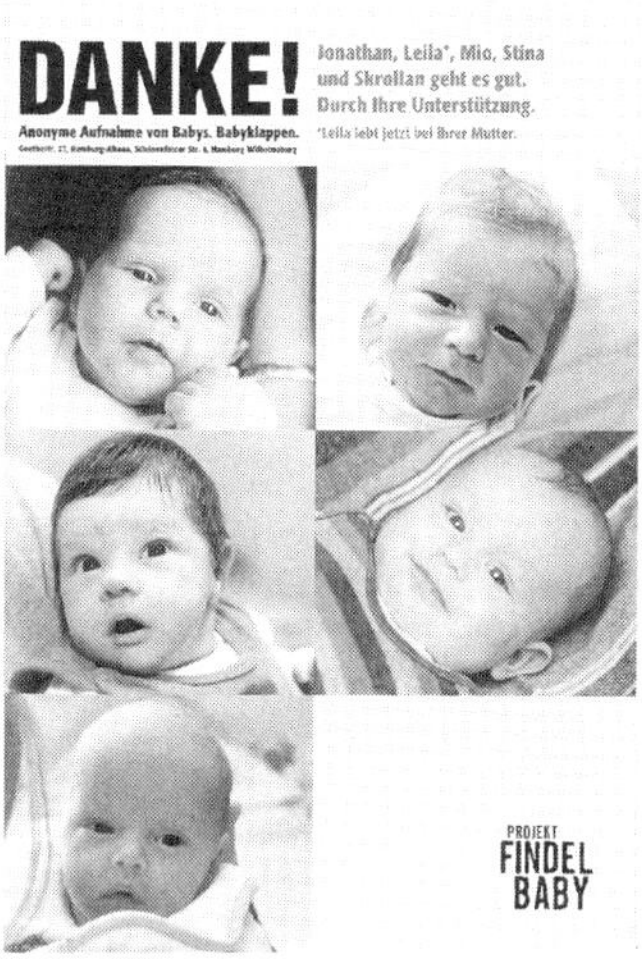

写真1　シュテルニパークのパンフレット

写真2　シュテルニパークの「ボックス」の入り口

中絶しないで、育てられないのだったら私たちに預けてください。そして私たちが無事に育てていきましょう」というメッセージと考えていただければいいと思います。

写真1は先ほどのハンブルグのシュテルニパークのパンフレットです。「ダンケ」（「ありがとう」）と書いてあります。シュテルニパークの運営者の説明では、子どもを預けた母親に向かって運営者からの「ありがとう」という意味であるとともに、預けられた子どもからの感謝の言葉だということです。**写真2**はハンブルグのシュテルニパークの外観です。ごく普通の住宅街の中にあります。これが入り口です。表札の看板にベビークラッペと書いてあります。「クラッペ」というのはドイツ語では箱の蓋を「パタン」と閉じる時の擬音語です。原語を生かす意味から、敢えて「ボックス」と呼んでいます。ボックスの窓口には「母親への手紙」があります。母親が子どもをここに置く時に、子どもの足形か手形を手紙の余白の部分に押して、一旦はボックスに子どもを預けます。慈恵病院にはこれの日本語訳が置いてありました。この余白の部分が手形か足形を押すところです。手紙の内容をご紹介します。

親愛なるお母さんへ。どんな人間にも人に助けを求めたくなる状況があります。あなたはあなたの子どもを私たちに預けました。決して易しい決断ではなかったでしょう。私たちはそれを理解して、あなたの匿名性と秘密を守ることを保障します。あなたの子どもは医者の診断を受けた後、八週間、きちんとした養親家庭で愛情をこめて育てられます。これら一連のことは厳しいチェックをして行われます。身体の具合はいかがですか。私たちはあなたを助けることができます。またそうしたいと願っています。いつでも相談相手になります。こちらから質問することはありません。相談料はいただきませんし、警察に連絡することもありません。医学的診断を必要としていませんか。私たちのところには助産師がいて、いつでもお役に立ちます。協力体制を取っている医者もドイツ各連邦州の病院にいます。あなたの名前はそこでも尋ねられません。私たちの紹介だと言えば費用もかかりません。

とあります。全面的に協力する、援助することを母親に伝えます。これは二四時間対応する通話無料の電話番号とともに母親の手に渡ります。

別の都市ケルンのボックスでは、横に非婚シングルマザーが子どもと一緒に生活できる施設があります。このボックスの場合、ほとんど利用がないということです。ボックスのところまで来て、横にこんな施設があることを知り、施設の方に足を向けて、そこでコンタクトを取るパターンが多いからです。

ボックスの設置目的

以上のようなボックスの目的ですが、それはまず第一に、子どもの生命を守り、その安全を確保することです。母と子ども、両者の安全を確保することがボックスの第一の目的です。ボックスの中は最新技術を用いた衛生的な設備によって管理されていて、一度閉めたボックスの蓋を開けると警報装置が作動します。例えば、母親の後をついてきた不審者が子どもをさらっていってしまうことは起こりえないようになっています。預けられた子どもに応急処置を施した後で、救急病院と警察に連絡します。子どもは病院で心身検査を受けます。そして八週間以内に預けた者から引き取りの申請がなければ、ほとんどのケースで養子縁組の斡旋手続きが取られます。ケルンの場合、ボックスの建設および運営費には公的補助があります。他のボックスの場合、ほとんどが寄付で賄われています。

日本のポストと違うところは、ドイツの場合、子どもは家庭で育てるのが一番だということで養子縁組が取られますが、日本ですと、慈恵病院に預けられた後、子どもたちはすべて乳児院、児童養護施設に預けられます。養子縁組斡旋役を申し出ていた岡山県医師会は、身元が分からず、もしかすると何年か後に実の親が名乗り出て、引き取りたいといったケースも想定されるような子どもの斡旋は難しいということで、一度引き受けた斡旋役を辞退しました。温かい養親家族を一番必要とする子どもの養子縁組が難しく、それを支援する者が少ないのが日本の現状です。

ボックス設置の第二の目的は、自分の子どもを捨てたり殺したりするといった女性の犯罪防止と人工妊娠中絶を減らすことです。この目的ですが、児童遺棄や殺害の数値は、ボックスが設置された二〇〇〇年前後の統計を見ますと、目立った変化はありません。ここから推測されますのは、子どもを思わず殺す、捨てるといった行為に走る女性と、わざわざボックスまで子どもを連れて行って、そこに子どもを置いて帰る女性を、「困窮した女性」とひと括りにできないということです。ポストに対する反論として、「子捨てを助長する」という意見がありますが、それはドイツの状況を見る限り、安易な発想ではないでしょうか。

ボックス設置の第三の目的はボックスはあくまでも付随的なものとして、まず相談窓口を設けようという機運を高めることです。この社会には一人で子どもを抱えて困っている女性がいる現状を広く知らしめることです。つまり多方面から母子の救済に取り組む福祉政策を明確にさせるという目的です。

ドイツのボックスの問題点

次に、ドイツのボックスの問題点をいくつか挙げます。一つは、各種の相談窓口が設置されているにもかかわらず、ボックスの数は毎年増えています。日本の場合、慈恵病院の「こうのとりのゆりかご」一つにとどまっていますが、私は「第二の赤ちゃんポスト」はつくってはいけないと思います。つまり、新しいポストをつくる前に、何らかの公的な対策が取られるべきなのです。またドイツでは、設置から八年も経ってなおボックスは合法化されていません。連邦政府も今のところ合法化するつもりはないようです。ボックスを、公が携わることと自覚せずに、民間の慈善事業に任せきっている行政下では、児童遺棄や殺害の件数は変化しようがありませんし、「母子の困窮状況」も根本的には解決されません。暗黙のうちに設置を認めて、法的に罰しないことにとどまっているわけです。

二番目の問題点として、現在八〇近くありながら、それぞれのボックス間で連絡が取られておらず、情報公開の基準もないことです。情報公開がない限り、どういう社会的な問題があって子どもが預けられたのかということを確認し、根本的な対応策を講じることがまったくできません。個人情報の保護を保障しながらも、きちんとしたルールに従って、ある程度の情報公開を行っていくことが今後の課題だと思います。

ボックスの設置に反対する意見としてドイツでよく言われるのが、女性の匿名性を保障することが子どもの出自を知る権利の無視につながってしまうことです。これは日本でもよく言われます。それに関連して、匿名性を与えることによって、社会的弱者である女性と子どもの困窮状況の追跡調査がまったくできないことです。つまり社会問題が隠匿されたまま、悪循環が繰り返されてしまうのです。さらに、子どもをボックスに預けて八週間以降は子どもとの接触ができないことは、正式な養子縁組と違って、母親にとって不利です。この反対意見には、各ボックス運営者の養親や里親の選考基準が曖昧であることも付け加えられます。先ほども述べましたが、子どもを捨てても誰かが育ててくれるといった無責任さを助長するという反対意見もあります。ただしこれは、ボックスを利用した者の性別や（取り敢えず「女性」を想定しているわけですが、日本の場合、利用者第一号は父親でした）、どういう理由があって捨てたのかといった事実が確認できないために、あくまでも予測上の反対意見と言えるでしょう。ボックスを設置しても、新生児の遺棄、殺害数が変化していないことも反対意見に挙げられます。

ボックスの設置に賛成する意見

次にボックスの賛成意見をご紹介します。「出自を知る権利」というのは国連の「子どもの権利条約」にもありますが、そこには、その権利が「できる限り」保障されるべきものであって、ボックスを利用せざるをえないといった緊急時は、子どもの「生命権」が優先するということが明記されている、という意見です。匿名性というのは確かに問題はあるけれども、匿名であって初めて利用しようという者がいる限り、ボックス運営者と利用者との間の信頼関係の基盤になるというわけです。そしてあくまでも子どもの最善の利益を最大限に考慮してボックスは合理的に運営されていると。子どもだけでなく困窮する女性にとっても「生命権」、「ライフ」ですね、と「生存権」、これは「サバイバル」、つまり「とにかく生きて生き延びる権利」が何よりも優先することは『世界人権宣言』にも明記されていると。以上がボックスの賛成意見です。

オーストリアの場合

ところでドイツの隣の国オーストリアでも、ボックス設置運動の影響を受けて、同様の設備がつくられました。現在、全土に八箇所あります。すべて公立病院に併設されています。

写真３　ウィルヘルム病院の「住処」の入り口

写真３はウィーンにある国立ウィルヘルム病院の小児科病棟の横に設置されたオーストリアの「住処」です。原語は「鳥の巣」という意味です。これが入り口です。ドイツとまったく同じ形態です。ここに小屋がありまして、小児科病棟からすぐ行けるようになっています。オーストリアでは設置後、半年も経たないうちに政府が「オーストリアにおける住処と匿名出産に関する法令」を出しています。これによって住処の利用を合法化したわけです。法令の特徴として、出産の前後に妊娠女性と対話のできる熟慮期間を確保し、かつ養子縁組の法的手続きを正式に行うことのできる匿名出産の方が住処よりも望ましいと明記している点が挙げられます。

つまり両親を知ることは子どもの基本権としながらも、女性と子どもの健康と生活が不可避の危機にさらされるような困窮状況が認可されれば、子どもの生命保護を最優先させるという立場から、匿名出産と住処の利用を合法として認めるわけです。また、住処の利用に際しては、青少年福祉担当者（日本の児童相談所の相談員を法的に格上げした福祉担当者と理解していただければいいです）が子どもの公的な後見人となることと、その義務と権利、女性の匿名性と子どもの出自を知る権利が対立する場合は両者の間に立つことを明確に定めています。ただしこの法令にもいくつか問題点があります。例えば、母子の看護費用の負担者が明確にされていないことです。住処の利用があった場合、病院が子どもに救急措置を施すわけですが、子どもが養子に出された後の医療措置に関して、病院が負担し続けるのかどうかは明記されていません。病院が将来の里親に対して、以前の看護費用の負担を促す可能性も出てきます。さらに匿名出産に際して、病院側の法的立場が絶対的に保障されているので、万が一施術ミスがあった場合、異議を申し立てる母親の立場が不利になっています。また、青少年福祉担当者は女性の秘密を絶対的に保持すると書かれていますが、匿名性をどこまで保障しながら困窮状況を調査できるか不明ですし、子どもが青少年福祉担当者に何年か後にコンタクトを取ってきて母親の情報を尋ねてきた場合、それでもなお秘密を保持すべきなのかといったことまでは明記していません。あくまでも青少年福祉担当者の自主的な判断に任せているわけです。

こうして法令で住処と匿名出産が合法化されたオーストリアの現状を見ますと、合法化から七年半の間で、住処そのものの利用は皆無です。住処の利用より匿名出産の件数が増えています。ただ、住処も匿名出産も利用しない児童遺棄数が増加したという状況を検討するために、昨年秋に全国の青少年局担当者の合同会議が行われるはずでした。先日確認したところ、会議は順延されたということです。

日本の状況

以上がドイツとオーストリアの現状です。次に日本の状況を見ていきたいと思います。「こうのとりのゆりかご」を熊本市にある慈恵病院が設置しました。この病院は一八九八年、カトリック系の修道会によって設立されました。一九七八年に修道会から委託された医療法人「聖粒会」が現在に至るまで経営を行っています。マスコミにもよく登場した蓮田理事長たちは、二〇〇三年から小学校、中学校を訪問して「いのちの講演会」を行う活動を続けていらっしゃいます。講演会では、中絶のことも含めた医学的な知識をはじめとして、「命の尊さ」を伝えているとい

写真4　慈恵病院の入り口

うことです。二〇〇四年、病院関係者がドイツのシュテルニパークとベルリンのボックスを視察して、「こういう施設が日本にも必要ではないか」と考えられたわけです。その後二〇〇六年秋に「こうのとりのゆりかご」設置の計画を発表、二〇〇七年四月に熊本市がそれを許可します。そして五月に「こうのとりのゆりかご」を開設しました。二〇〇七年一二月現在、一一人の乳幼児が預けられています。うち一人は両親が引き取りに来ています。この子どもに関してですが、障害を持っていたことが判明して、一部のマスコミは障害を持っていたから預けられたのではないかと騒いでいました。ところが後日、実は両親が二人揃って預けに来て、二人揃って引き取りに来たということが新たに判明して、騒ぎは収束しました。

「こうのとりのゆりかご」設置の趣旨が、慈恵病院のホームページに載っています。一部読み上げます。「長年、子どもを殺して捨ててしまうという事件に心を痛めていました。けれども、安全な場所に預けるという行為はわが子を助けたいという母親の切なる気持ちが、そこにはあるのではないでしょうか。子どもが将来、自分の親が養親であることを知って悩むことがあれば、あなたのお母さんはあなたの命を助けてもらいたいという深い愛情のもとで私たちに預けられたのだと言ってあげたいのです」とあります。この「深い愛情のもとに預けられた」という確証を子どもが得られるかどうかは難しいと思います。確かにそう信じたい、という気持ちは芽生えるでしょう。けれども確証は取れません。子どもに確証を与えられる何らかの手段を講じて、慈恵病院は今後の運営方法を新たにしていくべきだと思います。

写真4が慈恵病院の入り口です。「赤ちゃんポスト」という名称は、マスコミがつくったようですが、病院の入

り口に偶然にも赤いポストがあって、ここに「こうのとりのゆりかご」の案内板があります。多分これを見てマスコミの誰かが「赤ちゃんポスト」にしようと考えたのかもしれません。これが慈恵病院の正面入り口です。玄関の横に聖母子像があります。これが正面右の案内板です。「まずは相談してください」とありますように、「こうのとりのゆりかご」を利用する前に相談することを訴えています。矢印に従って進んで右折しますと「こうのとりのゆりかご」の入り口があります。「こうのとりのゆりかご」の内部の様子で、ドイツのボックスやオーストリアの住処と違う点は、日本での第一号になるという気概、病院運営の性格でしょうか、とてもアットホームで、手厚い保護が子どもになされることが十分予測される設備となっていることでした。ドイツのボックスは、ほとんどが病院などの施設の中で、人気のないところにありました。慈恵病院の場合は、隣にナースステーションがあって、孤立していません。

日本社会に与えた影響

「こうのとりのゆりかご」の設置が日本社会に与えた影響をいくつか挙げます。まず、社会においてお互いに助け合おうという相互扶助の意識や、子どもの養育に関して周囲の大人が共同の責任を負うという観念が日本には今や欠けてしまっていて、それが今こそ必要であるという認識ができたことです。例えば熊本県の児童相談所の里親登録希望者は「こうのとりのゆりかご」の一連の報道に伴って昨年の約二倍に増えています。児童遺棄、殺害の問題を決して他人事ではなく、「わがこと」として社会全体で受け止め、そうして解決策を議論しようとするきっかけができたのではないでしょうか。また血縁家族ではない疑似家族、擬制家族を社会につくっていって、子どもを色々な形の「家族」が養育することが今後はますます必要になるだろうという認識が広まったと思います。

二番目の影響として、社会で困窮している者に、ポストのような最終的な手段の一歩手前で相談の機会を与えようとする機運が高まったことです。熊本市は、今回のポスト開設に伴って、無料の相談電話を設置しました。設置後一カ月の間に、昨年の一年分に当たる約一〇〇件の相談があったということです。慈恵病院への電話相談、メールの相談も同じ状況のようで、しかもその相談は熊本だけでなく日本全国からあるということでした。余談ですが、相談は大阪からが一番多いらしく、私は大阪出身ですので、恥ずかしく思いました。大阪府や大阪市、そして私自身は何をしているのだろうと。いずれにしましても、ポストを利用するかもしれないケースを早期に発見して、その対応策を図ることが今後の重要な課題であることは間違いありません。

三番目の影響として、児童福祉に関する法律システムを見直すきっかけとなったことです。二〇〇七年八月、熊本県と熊本市は「こうのとりのゆりかご」の検証会議を設置しました。そこでポストと児童福祉法との関係や、養子縁組の現在のあり方を点検するということです。

今後の課題

今後の課題を挙げておきます。まず教育の分野では、大人や親になることの責任を養って、生命の重さを実感できるような教育が、今後は学校だけではなく、学校の外でも行われるべきでしょう。他者への思いやりを育てるために、自分も何らかのきっかけで困った状況に陥って、人に助けを求めるだろうと想像できる力を養うことも必要でしょう。これは青少年や子どもだけではなく、私たち大人自身にとっても終生必要な教育だと思います。また、今回のポスト問題に関して、男性や父親が議論の対象外になりがちであることを問題視して、親子問題における母子関係と父子関係のアンバランスを是正するべきでしょう。父親がもっと自由に子育てに参加できるような社会が日本にも成立すればと思います。

さらに、実の親の名を知っていることや、実の親とともに生活するということが本来の家族として幸せだとする血縁主義的な家族観（私自身そういう価値観の中で育ちましたし、それが重要だと思いますが）を多様化して、そういう幸福が何らかの事情で得られない人はアイデンティティまでも得られないような単一的な価値観が支配する社会を問題視することです。婚外子や養子に対する差別的な見方も見直していくべきだと思います。

最後に、「こうのとりのゆりかご」への提案です。赤ちゃんポストは「子どもを預けるところ」とするのは周囲の大人の見方であって、「預けられた」子どもから見ますと、やはり「捨てられた」という思いは消えないでしょう。「こうのとりのゆりかご」の利用者には、匿名を認めることは仕方ないとしても、それに代わる何らかの義務を課すべきだと思います。例えば「母親への手紙」を持ち帰らせるのでしたら、その横に「子どもへの手紙」を書く用紙を置きます。そして後日、匿名でよいので必ず郵送するように指示します。「子どもへの手紙」には、今回利用するに至った理由や、現在自分と子どもが置かれている状況の説明、子どもの名前、自分と子どもの誕生日などの記述を義務づけるといったことが考えられます。

以上を今後の課題として取り組んで、「第二のポスト」を日本につくらないですむように、個人を特定できない範囲での情報を、慈恵病院は公開して欲しいと思います。

ご静聴ありがとうございました。

司会　私はこの問題についてそれほど何かを知っているわけではありませんが、フランス語圏でもいくつかあるんですね。最初に知ったのはダルデンヌ兄弟という、ベルギーの兄弟で映画をつくっている二人がいます。面白い映画をつくっていますが、その中で出てきたのが私が知った最初でした。その後、阪本さんと話をしてドイツの話を聞いたりして、それから大分経ってから日本で議論されるようになりました。『ある子供』というダルデンヌ兄弟の映画で、カンヌでグランプリをとった作品ですが、子どもを捨てるという話が出てくる。若い恋人たちに子どもが生まれて、子どもを金で売るという話です。産んだお母さんには何も言わずに、男の方が勝手に子どもを売る。結局、売らないで取り戻すという話ですが、必ずしもダルデンヌ兄弟はその子どもだけを映画で取り上げているわけではなく、若者を主人公にして社会の問題を映画に撮るという姿勢で「捨て子ボックス」の話とか、子どもを売るという話が何度か取り上げられています。日本の場合、かえってメディアの方が加熱している面が強いので、少し冷静にドイツの例やオーストリアなど他国の事情をよく知った上で、我々の問題として議論することが必要ではないかと思います。

ご質問なり感想なりお願いいたします。

質問　司会の方は他国の事情を知って、とおっしゃったんですが、そういう観点に立つべきではなくて、私たちの社会の中で私たちはどうしていくかを考えるべきだと思うので、ドイツの事情を聞くと宗教の問題で中絶が厳しくなってきたところで、そういう問題が出てきたということだと思うんですね。日本は多分、一般的な常識としては、日本は中絶はタブーでないという状況の中で出てくることとは全然違うと思うんですよね。そのことをもうちょっと考えるべきだし、私はあまりにも子どもが軽視されていると思います。命が助かるって、人はパンだけで生きているわけではないので、自分の出自を知りたいと思うのは、あまりにも当然なことで、それを親が育てられないから、それを一方的に子どもに押しつけていく。私が感じるのは、やっている側は自分の辛さを子どもに押しつけているのだと思うんですね。出自も知らず、ドイツはまだ養子に出されるということですが、たった八週間しか面倒見ないものを、どうして預かれますという、預かるというのは一生なんだと思うんです。それを八週間面倒見て、後は乳児院に預けることを、そんなに軽々しくやって欲しくないと思います。子どもの一生なんですね、そのことを責任を持つことは大人になることの責任ですが、それは一生面倒見るという前提ですよね。もちろん面倒を見られなくなることはあるけれども、そういう決意の下にすることであって、たった八週間預けて、どこに行くかも分からないようなものは、私は、とても責任がある態度だと思えないので、第二のポストは絶対にやめてもらいたいと思います。

中絶をそこまで禁止するものなのかも疑問で、産んでから捨てるのと、産む前に中絶するのはどっちが悪いか、私は中絶した方がいい場合もあると思います。軽々しく中絶するのではなく、そのことをずっと受け止めて生きていくことが大事なのであって、産めばというものではないと思っています。

司会 私は別に他国の事情を知ればいいという話をしたのではなくて、おっしゃる通りだと思いますよ。

阪本 比較、つまり物事を相対化することは、確かに問題を拡散させてしまう欠点もありますが、例えばドイツのことを反面教師として日本に生かすことを考えれば、利点もあると思います。例えば中絶の問題にしましても、宗教が違う、文化が違うから議論できない、ではなくて、では私たちはどのような宗教や文化をベースにして、こんなに多くの中絶を認めているのだろうか、と考えるきっかけや反省材料になると思います。また、親とのつながりに関しましては、子どもが実の親を知りたいということはもちろん十分共感するのですが、実の親を知らなければ、その人にはアイデンティティがないのだろうかとも思います。親子関係については、価値観を変化させ、多様化させる時期にきているのではないでしょうか。

将来自分も子どもも苦しむような問題があると知りながらも子どもを捨ててしまうという、この社会に生きる人間の問題を解決するためには、匿名性につきましては今後、匿名を保障しつつも、情報も最大限コントロールできるような運営システムが必要だと思います。

質問 今の質問された方は動機のことが中心だったと思いますが。受け皿の問題で養子というのは大きな方法だと思います。日本は江戸時代や明治、大正の頃、養子は多かったんですが、戦後は極端に養子が少なくなってきているんですね。その一つの理由は相続なんですよ。子どもさんがいらっしゃらなかったら養子は問題ないんですが、他に実子がいた場合、プラス養子を取る場合、個人主義の社会の欧米ですと、財産を持っているものが自分の裁量でどう分けようと自由であるわけですね。日本の場合には伝統的な血縁主義では配偶者並びに子どもは法的な権利が最初からあるわけです。そうすると簡単に養子にすることは難しいところがあるわけです。子どもがいらっしゃらなくて養子になさる方は問題ないんですが。実子がある上に養子というのは難しい問題がある。今の問題とは違う相続というまったく別の法的な問題が出てくるわけです。こういう問題とも連動して考えないと、ただ養子をもっと進めて欲しいといっても簡単にいかないのではないかと思うんです。こういうあたり検討されたらいかがでしょうか。

明治、大正の頃の養子は戦前の養子ですから、長子の場合は相続権が優先されるという形であった養子です。今は子どもが平等になっていますから、法的には。戦後において養子が極端に減ってきていることがあります。この問題を解決しないと養子に方向性を求めても困難かなと思うんですが、いかがですか。

阪本　先生がおっしゃる通りで、赤ちゃんポストの問題は、戸籍法の見直しを含めて議論しないと不十分だと実感します。法律の是正に社会の観念や先入観が付随して変化すれば、「第二のポスト」は必要ないと思います。赤ちゃんポストに代わる対処ができて、深さと厚みのある社会が成立することを願っています。

質問　客員研究員です。阪本先生が関わってこられたドイツの関係の方たち、オーストリア、日本でも、おそらく赤ちゃんポストに関わっている人たちは、一人ひとり相当苦しい決断をせざるをえないケースがいっぱいあったはずです。そのことを基本的に踏まえられた上で話をされていると、我々お互いに思わないと、ある種の水掛け論になりかねないと思います。皆さん、そのことをよく分かっているはずなので、またそう願いたいのですが、私はその点では阪本先生や庭田先生が言われたように、他国でどういうふうになっているかを我々が知らないといけない。そうでないと我々は今、自分がこんな感じを持っているということに縛られてしまう。いっぺん突き放してみないといけない部分があると思います。年間日本で三万人も自殺者がいて、関わっている人たちは相当、苦しい決断をしているはずなので、ある種、赤ちゃんを捨てないといけない人たちも、同じようなところで決断している。法律的に養子縁組のこととか色んな問題がありますが、一番元のところで軽い話として誰かが受け止めていたかどうか。相対化するということは大事なことで、相対化するなら、今の我々は個人主義的になっているけれど、私の生まれ育った田舎は典型的にそうだけれど、言い方を代えると「社会が子どもを育てなければならない」という観念を持っていた。村八分みたいなものがあっても、困ったら皆で助けるということがありましたね。ヒューマン・セキュリティ研究センターの例会で、ある先生がお話くださったように、日本が福祉の受け皿をGHQの支配下で受け入れる時に、農村部ではスムーズにいった面があった。その頃の日本はまだそうだったということを表しているんですね。そのことも考えると、日本の中での過去のこと、今、この同じ時点での他の国の試み、関わっている人は、相当苦しい決断をしているはずなので、それは見る必要があるのではないかと、感想ですが、思った次第です。

司会　今の言葉がまとめと言えばまとめで、重い問題であることは間違いないと思います。それぞれ事情を抱えていることは当然だと思います。そこのところを前提に子どもが捨てられる現実があるということ、それを考えなければいけないということではないかと思います。どうもありがとうございました。

社会の変化・変化の社会

井上俊

「社会の変化・変化の社会」というタイトルは庭田先生がつけてくださったものですが、なかなか洒落たタイトルなので、そのまま使わせていただきます。大きなタイトルなので、私の話もいくぶん大まかな話になるかもしれません。

近年、「リスク社会」ということがしばしば言われます。私たちが色んなリスクに取り囲まれて生活せざるをえないような社会、危険に満ちた社会ということですが、そもそもこういう社会は、どのようにして登場してきたのか、その背景について少し考えてみたいと思います。

大衆消費社会の形成

社会というものは、もちろん絶えず変化しているわけですが、歴史的に見ますと、例えばルネサンスとか産業革命とか、非常に大きな変化が起こる節目のようなものがあります。そして、ここ一〇〇年くらいの社会の変化も大きなもので、やはり社会変化の一つの節目ではないかと考えられています。だいたい一九二〇年代くらいから、新しい技術の発展などによって私たちの生活様式が大きく変わり、新しい社会の形が現れてきたのではないか、というのです。ルネサンスや産業革命以来の、いわゆる「近代」社会とはちょっと違う、言わば「現代」社会というものが現れてきたのだ、と言う人もいます。

この新しい社会形態＝生活様式を、普通、社会学では「大衆消費社会」と呼んでいます。「大衆消費」は英語で言えばマス・コンサンプションですが、この場合の「マス」には二重の意味があります。つまり、「大衆」という意味と「大量」という意味です。貴族とかお金持ちとかだけが消費するのではなく、私たち普通の人間も皆が消費の主役になるという意味で「大衆消費」なのですが、そうなると当然、大量のものが消費されることになりますから、「大量消費」でもあるわけです。

では、そういう社会はどういうふうにして登場してきたのか。そのきっかけとなったのが、ヘンリー・フォードの「大量生産システム」です。この方式の中心は、ベルトコンベア・システム、つまり流れ作業で自動車を組み立てていくことにあります。これを始めたのがフォードです。自動車の部品を規格化し、それを流れ作業によって効率的に組み立てていくので、自動車を安くつくれるようになる。価格も安くなりますから、多くの人が購入できるようになり、自動車が大衆化しました。これが大衆消費社会の幕を開けることになった。自動車以外のものにも大量生産システムが導入され、様々の商品が安く大量に提供され、消費されるようになっていきます。

もう一つ、フォードの新しい発想は、労働者の「消費者」化ということでした。フォードは労働者に高い賃金を払いました。当時の基準でいうとフォードの工場の労働者は、他に比べて二倍くらいの賃金をもらっていた。そのことによって労働者も自動車を買えるようになりました。それまでは労働者は自動車をつくるだけで、それを買うのはお金持ち。でも自動車の値段が安くなり、労働者の賃金が上がれば、労働者も車を買える。労働者を消費者にしていったわけです。もちろん、フォードが労働者に高い賃金を払えたのは、フォード社が儲かったからですし、また労働力を確保するという意味もあったわけですが、高い賃金を払うことによって労働者の「消費者」化を進め、自動車のマーケットを拡大するという考えがフォードにあったことも事実です。

フォードのベルトコンベア・システムというのは、よく歴史の教科書などに出てきますが、実際にどんなシステムでどんな機械が動いていたのか。当時のフォード工場の映像などを含むビデオを見ていただくことにします。

T型フォードの大ヒット

二〇世紀に入って、様々の新技術が生み出されていくというところから話が始まっています（以下、ビデオ（NHK『世紀を超えて』）の音声）。

まさにこの年から発明や発見が相次ぎます。一九〇一年、マルコーニは無線電信に成功しました。この技術が後にラジオやテレビを生み出します。一九〇三年にはライト兄弟が初飛行に成功。人間の交通手段が空へと広がる幕開けでした。エジソンは電球だけではなく蓄音機も発明していました。新しい娯楽産業を生み出すきっかけになります。こうした発明者たちに共通するのは、発明をビジネスに結びつけようとしたことです。後に大企業、ジェネラル・エレクトリック社となる会社を設立したエジソンの言葉。「我々は商業的価値のあるものを求めて研究している。儲かるもの以外は発明しない。我々は古臭いドイツの大学教授とは違う」。エジソンの会社で働いていた一人の男が大量生産、大量消費のシステムを生み出すきっかけをつくりました。ヘンリー・フォードです。

フォードが一九〇八年に発明したのはT型フォードです。一五〇〇万台の販売を記録した今世紀最初の大ヒット商品です。大ヒットの理由は誰もが買うことのできる値段の安さにありました。値段を安くするためにフォードが考え出したのが流れ作業です。自動車の部品をベルトコンベアに乗せ、順番に単純作業を加えることにしたのです。徹底的な分業が可能になり、組み立てのスピードは五〇〇倍に、車の値段はおよそ半額になりました。生産を支えた労働者の多くは、当時アメリカに大量に移り住んできた移民たちです。

フォードの経営改革の二つ目は、この労働者を消費者に位置づけようというものでした。賃金をそれまでの倍の一日五ドルに上げたのです。当時としては破格の賃金でした。全国から一万人を越す大衆が職を求めてフォード社に押し寄せました。人々は「五ドルだ、五ドルだ」と叫んでいたと新聞は伝えています。

T型フォード

一九二〇年代、三〇年代にフォードの工場で働いていた労働者たち〔のインタビュー〕です。彼らは賃金でまず自分たちのつくった自動車を買いました。「日給五ドルといえば大したお金でした。この仕事にありつけば借金を返すこともできるし、貯金さえできるのですから。そして何でも手に入れることができるようになりました。毎日あたたかくておいしい食事を取りました。歯を治しました。そして車を買うこともできるようになりました」「T型フォードによって社会は大きく変わりました。まずアメリカ中だけでなく、世界中から人々が豊かさを求めてやってきました。それは前代未聞のことでした」「すべてがよい方向に向かって動き始めました。豊かさは刺激的で、皆、そのことに熱狂しました。T型フォードの大量生産は文化にまで影響を与えました。そしてライフスタイルや生活水準など二〇世紀のあらゆることがここから生まれました」。

当時、アメリカ各地で大油田が次々に発見されていました。ガソリンの値段は下がり、自動車の消費に拍車がかかりました。一九二四年にはT型フォードの生産は一〇〇〇万台を突破。わずかの間に町の姿は大きく変わりました。T型フォードの値段は労働者の給料二カ月分。人々はこぞって自動車を買い求めました。流れ作業と高い賃金は他の産業にも波及し、豊かな生活はアメリカ中に広がりました。

「私たちは自動車によってこの国をつくり変えた。しかし繁栄しているから自動車を持てたのではない。自動車を持っているからこそ繁栄しているのである。産業の真の目的はこの世を良質で安い製品で満たして人間の精神と肉体を生存のための労苦から解放することにある」（H・フォード『自伝』）。

フォードの敗北

T型フォードというのがどういう車だったか、どういう工場でどういうふうにつくられていたか、具体的にお分かりいただけたかと思います。

ビデオにもありましたように、T型フォードの成功によって自動車市場におけるフォード社のシェアは圧倒的だったわけですが、そのうち他社、とりわけジェネラル・モーターズ（GM）という会社にだんだん追い上げられてきます。GMはフォードに対抗して何とかフォードを追い抜こうとします。そして結局フォードは追い抜かれます。一九二九年にはGMが売上トップになるのです。

では、なぜフォードは敗北したのか。それをD・J・ブーアスティンという社会史家がうまく書いていますので、お手元に資料としてお配りしました。

ブーアスティンはまず「彼の理想の中核は、すべての車が同じようになるということであった」と述べています。「彼」はヘンリー・フォードです。フォードは車の部品を規格化し、流れ作業で同じものを大量生産する。もっとも、フォードは大量生産、マスプロダクションという言葉が嫌いだったんですね。自分は自動車を「大量生産」しているというより、むしろ「民主化」しているんだ、今までお金持ちしか買えなかったものを皆が買えるようにしているんだということで、自動車の「民主化」（デモクラタイゼーション）という言葉を好んだ。そのへんにフォードのある種の使命感が現れています。彼は一種の理想主義者でもあった。T型フォードに関しても、それはまず機能的に優れた製品でなければならない、そして丈夫で長持ちするものでないといけない、と考えていました。しかし、そうした考え方がフォードの敗北の原因になった、とブーアスティンは指摘します。

ブーアスティンによれば、「皮肉なことだがT型モデルに対するフォードの信念は、旧世界の信念であった」のです。つまり、フォードの考え方は古かった。機能的に優れたものは売れるはずだと考えて、同じ製品をつくり続けていくというのがフォードのやり方ですが、GMはむしろ同じものをいつまでもつくり続けていてはダメだと考えて、消費者の好みにアピールしながら、絶えず製品に変化をつけ、次々と新しいものを出していくという戦略を取りました。新しいものは新しいマーケットを開くという考え方です。

このような発想を推し進めたのが、一九二三年にGMの社長に就任したアルフレッド・P・スローン・ジュニアで、この人が「年次モデル」という方式を考案します。つまり、毎年、毎年、車のモデルチェンジをするというやり方です。同時にスローンは「車種」にも変化をつけていきますが、この変化はランクの差でもあります。同じGMの車でも最も大衆的なランクのシボレー、これはT型フォードに対抗する低価格の車です。その上にオールズモービル、さらにオークランド、ビュイックとだんだん高級になっていって、一番上がキャデラックです。値段で言うと、キャデラックはシボレーの六倍くらいになります。

大衆レベルの消費者は最初はまずシボレーを買いますが、ちょっと余裕が出てくると次のランクのオールズモービルに買い換える。そして次はオークランドへと、言わばピラミッドを登っていくわけです。さらに各車種に年々のモデルがあり、これはもちろん新しい方がよい。スローン自身が述べているように、「車種に差をつけ、しかも年ごとに違いをつくり出す」というのがGMの販売戦略で、これがフォード社を追い抜く最大の要因になります。T型モデル一本槍でやってきたフォード社もたまらず、GM方式を採用することになりますが、結局GMを抜き返すことはできませんでした。

記号消費の時代

GM流の販売戦略をブーアスティンは「消費の梯子」と呼びました。少しでも上のランクの車種へ、一年でも新しい年次のモデルへと、梯子を昇らせるわけです。そして、これはいわゆる「記号消費」の時代の幕開けでもありました。「記号消費」というのは、ある商品がその性能によって売れるというより、むしろその商品が何を意味しているか、何を示しているかによって売れるということです。車で言えば、車種のランクがそのまま社会的地位を示す記号（シンボル）となり、車種や年次によって他人に差をつけること、少なくとも隣人に後れを取らないことが、重要な購買動機になります。

こういう形の消費が「記号消費」ですが、もちろんそれは自動車だけのことではありません。例えば、重要な取引先を接待するならミシュランの三つ星に行く。「さすがにおいしいですな」と言うか、「意外と大したことないですな」と言うか、それはどっちでもいい。味よりも、ミシュランの三つ星で食べること自体に意味がある。つまり、三つ星という「記号」を消費するのです。

社会学や経済学の領域では、早くはヴェブレンという経済学者が『有閑階級の理論』（一八九九年）という本の中で、こういう記号的消費の傾向を指摘し、これを「見せびらかしの消費」と呼びました。ずっと後になりますが、こういう考え方をさらに一般化して現代の「記号消費」の様相を鋭く分析してみせたのが、フランスの社会学者ジャン・ボードリヤールでした（『消費社会の神話と構造』一九七〇年）。

フォードの大量生産システムとスローンの大量販売戦略とが両輪となって「大衆消費社会」が進展していくにつれて、多くのものが使い捨てられるようになります。ランクが上の車種、新しい年次の車へと消費者がどんどん買い換えていくと、一方では当然中古車の市場が形成されますが、そこだけでは全部を吸収しきれないので、まだ使える車も捨てられるようになっていきます。もちろん、生産者・販売者の側は買い換え、使い捨てを奨励します。モノが使い捨てられないと大衆消費社会は回っていかないのです。

スローンは「パリのドレスメーカーの〝法則〟が自動車産業においても重要な要因になってきた」と述べています。パリのドレスメーカーの法則というのは、流行、ファッションのことです。ファッションは毎年、あるいはもっと短いサイクルでどんどん変わっていく。流行を追って人々は買い、流行遅れのものは捨てられていく。自動車を言わばファッション商品にしようというのが、スローン（GM）の戦略だったわけです。その一環としてスローンは特別のスタイリング部門を設け、消費者にアピールする車のデザインや色の開発に力を入れました。技術が進歩すると、製品の性能は各社ともだいたい同じレベルになってきますから、むしろデザインや色が売れ行きを左右する要因になります。この意味でも、形や色といった、性能とは直接関係のない「記号」的価値が消費に関わってくることになります。

大量販売の社会的装置

他方、大量販売のための社会的な装置も発展してきます。例えば、大衆的なレベルで消費の欲望をかき立てる広告——広告活動、広告産業は一九二〇年代に急速な発展を示しました。それから、百貨店ですね。百貨店、デパートメントストアができるのは一九世紀半ば以降ですが、二〇世紀に入って大きく発展します。世界最初の百貨店と言われるパリのボンマルシェをはじめ、ニューヨークのメーシーズとか、ロンドンのハロッズとかが、消費文化の

大丸京都店（1912年10月開店）

ハロッズ（ロンドン，1911年）

中心となり、また流行の発信源となります。百貨店は個々の商品を売るというより、むしろライフスタイルを売ることによって成功しました。衣服売り場で衣服を買い、アクセサリー売り場でアクセサリーを買い、家具売り場で家具や調度品を買えば、どこに出しても恥ずかしくない中産階級の生活スタイルが揃う。それが百貨店なのです。

さらに通販とか月賦の制度もこの頃に発展します。こうして、大量生産されたものが大量に販売され、大量に消費される時代が来ます。

日本でも、明治の末から大正期にかけて、そういう状況が現れてきます。日本で最初の百貨店は三越です。三越呉服店が、欧米のデパートメントストアにならってやっていくという「デパート宣言」をするのが一九〇四年、明治三七年です。一九一四年、大正の初めには、鉄筋コンクリート造り、地下一階、地上五階の本店を新築して、本格的な百貨店として発展していきます。同じ頃に京都で大丸京都店が開店します。写真をつけておきましたが、祇園祭りの時に撮られたものらしく、鉾が写っていますね。

広告も発展してきます。三越が帝劇とタイアップして、「今日は帝劇、明日は三越」という有名なキャッチコピーを入れて、帝国劇場のパンフレットに広告を出します。帝劇が開場したのは明治四四年（一九一一年）ですが、広告は大正初め頃のものです。「赤玉ポートワイン」のヌード広告は、もう少し後です。これは日本最初のヌード写真ポスターとして広告史上有名なものですが、今見るとこれがヌードかと思うくらい露出は少ないですね。しかし、これが出た一九二二年（大正一一年）当時は、これでも相当な露出だったようです。これで赤玉ポートワインが爆発的に売れて品切れが続出したそうです。

このように、日本においてもだいたい一九二〇年代には大衆消費社会の原型が形成されたと言われています。

大量生産―大量消費―大量廃棄のサイクル

大量に生産されたものが大量に消費されるというのが大衆消費社会ですが、ボードリヤールも指摘しているように、モノの流れは大量消費の段階で終わるわけではありません。生産―消費でサイクルが完結するように考えるのは一種の錯覚で、実際には使い捨てられたモノなどが大量に残りますから、大量消費の後に「大量廃棄」の段階があるわけです。大衆消費社会は大量の廃棄物を出す社会です。もちろん廃棄物には、使い捨てられたものだけでなく、生産の過程で生じる産業廃棄物、「豊かな生活」が生み出す生活ゴミなども含まれます。

これらの大量の廃棄物をどう処理するかということは大きな問題です。一九八〇年代には、アメリカをはじめ各国とも、大量の廃棄物をアフリカ諸国に輸出したり、自国から遠く離れた海に勝手に捨てたりしていた。それはあまりにもひどいというので、発展途上国からの抗議もあって、一九八九年、バーゼル条約が成立します。廃棄物の処理を規制する国際条約です。しかし、その後も不法輸出や不法投棄は後を絶ちません。日本でも数年前、医療廃棄物を「古紙」と偽ってフィリピンに輸出して問題になった事件がありました。

私たちの「豊かな生活」に伴う生活ゴミ、家庭ゴミの処理も大変です。たまたま二、三日前の新聞に、イタリア

帝劇パンフレット

赤玉ポートワインの日本最初の
ヌードポスター

のナポリでゴミ処理がパンクしてゴミが町に溢れているという記事がありました。市民が怒って放置されているゴミに火をつけ、これを取り締まる警官隊とトラブルになっているというのです。イタリアの代表的な観光都市で、こんなことが起こっている。でも、これはナポリだけの問題ではありません。先進諸国の多くの自治体がゴミ問題に悩まされています。

大量生産—大量消費—大量廃棄というサイクルの上端、大量生産に目を向けますと、大量にモノを生産するということは、取りも直さず大量に原料やエネルギーを消費するということです。木材、石油、石炭など、様々の資源が大量に消費されますので、環境や自然が破壊されるとか、資源が枯渇するとかいう問題が出てきます。しかも、大量生産のための資源は、多くの場合、発展途上国から調達されます。大量生産のためには巨大なテクノロジーが必要ということもあり、地球全体で見れば大衆消費社会が栄えているのは、一部のいわゆる先進的諸社会だけなのです。

リスク社会とテクノロジーの影

こういう格差の問題も含めて、資源や環境、エネルギーやテクノロジーをめぐる地球規模の問題が深刻化し、初めに触れた「リスク社会」という議論が登場してきます。リスク社会ということを最初に言い出したのは、ウルリヒ・ベックというドイツの社会学者です。一九八六年に『リスク社会』という本を出版しました。ちょうど同じ年の春にチェルノブイリ原発の事故が起こりまして、人々の危機意識が高まったこともあって、この本は世界的に広く読まれました。日本でも翻訳されています（東廉・伊藤美登里訳『危険社会』一九九八年）。

この本の中でベックは色んなことを論じていますが、その一つに、リスクの性質が変わってきたということがあります。例えば、現代のリスクはしばしば認知が困難です。原発事故で放射能がもれたといっても、それは目で見たり、手で触ったりして、すぐに分かるリスクではない。専門家に分かっても、一般の人には認知されにくいリスクも多い。つまり、リスクが認知困難になってきている。また、かつてのリスクは、空間的・時間的に限定されていて、ある地域で生じたリスクはその地域に封じ込めて比較的短期間で処理することが可能でした。でも、大きな原発事故などですと、非常に広い範囲に放射能汚染が広がりますし、時間的にもいつまでも影響が残ります。つまり、リスクが限定困難になるわけです。以前ですと、貧富の差によってお金持ちはリスクから逃れられるといったこともあったわけですが、今ではそういう社会階級的な限定も少なくなってきている。

さらに帰責困難ということもあります。責任をどこに帰してよいか分からない。もちろん、はっきり特定できる場合もありますが、複合的な地球環境の汚染とかいうことになると、誰が悪いのか、どこに責任があるのか、はっきりしなくなる。そして、責任の主体が特定できなければ、被害に対して補償を求めることも難しくなります。また、テクノロジーの発展につれて、リスクや被害が巨大化する傾向がありますが、その結果、現行の保険制度などでは補償が不可能になるような事態も生じてきます。言わば補償困難なリスクの登場です。

大衆消費社会は様々なテクノロジーに支えられており、そのお蔭で我々は便利な生活をしているわけですけど、一方ではテクノロジーが色々なリスクを生み出す面もあります。原発事故のリスクなどはその一例です。また、何らかのリスクに対応するためのテクノロジーが新たなリスクを生み出すこともあります。第二次大戦後間もない頃に、イナゴなどの害虫が大量発生して穀物生産に大きな打撃を与えたため、DDTという強力な殺虫剤が発明されました。日本でも、占領時代にノミやシラミの駆除などに使われ、僕らも子どもの頃、これを頭からかけられたりしたことがあります。当時は人畜無害と言われ、発明者は確かスイスの技術者だったと思いますが、これでノーベル化学賞をもらっています。今でこそDDTは有害物質として使用禁止になっていますが、当時はそのリスクは専門家にも認知されていなかったわけです。

現代のテクノロジーはまた、ナイロンのような化学繊維からプラスティック製品などに至るまで、様々の人工物質をつくり出してきました。現在、その種の人工物質、化学的合成物質は四〇〇万種類にも及ぶと言われています。それらが私たちの生活を便利にしていることは確かですが、反面、地球環境や人体に対してそれらの物質がどのような影響を及ぼすのか、特に長期的な影響に関しては、現時点では十分わかっているとは言えません。

テクノロジーがもっと発達すれば、テクノロジーによってリスクを抑えていくことができると考える人もありますが、実際にはなかなかそう簡単にはいかないだろうと思います。テクノロジーそのものが生み出すリスクをその時点で即座に評価することは大変難しい。また、ウイルスに対抗するための抗生物質が結果的にウイルスの耐性を強化するといった、いたちごっこの問題もあります。

システム・リスクと生活リスク

もちろん、一口にリスクといっても、色々な種類のものがあります。一方には、社会全体あるいは地球や人類全体に関わるようなリスクがあり、これをシステム・リスクと呼ぶこともあります。他方では、私たちの身近な日常生活の中にあるリスク、これは生活リスクとも呼ばれます。例えば、家族関係に関わるリスク――子育てとか夫婦関係、離婚、家庭内暴力など色々あります。あるいは健康面でのリスクとか、都市生活に伴う様々なリスク。さらに、労働に関係するリスクも深刻です。失業、リストラ、非正規労働、そして働いても働いても十分な収入が得られないワーキングプアの問題などなど。

日常的な生活リスクと大きなシステム・リスクとは、一見かけ離れているようにみえますが、決して無関係ではありません。ベックも言っていますが、それらはもともと「近代化」の進展の帰結として同じところから生じている面があるからです。テクノロジーの発展と結びついた産業化の進展は、かつての地域共同体や家族の絆を弱めていくだけでなく、資本や市場の力を強め、労働の世界を「合理化」し、リストラや非正規労働などを普及させます。現代の大衆消費社会では、モノだけでなく人間も使い捨てられていくのです。この傾向は、資本や市場のグローバル化によってますます進みます。グローバリゼーションによって企業は世界のどこからでも容易に、より安い労働力を調達できるようになりますから。その上、グローバル化は「国際競争力の強化」という大義名分を企業に与えます。この名目の下で「合理化」が進展します。

経済面だけでなく政治的な側面も含めて考えますと、グローバル化の進展は一般に国家の力を弱めます。これにはもちろんよい面もありますが、問題点の一つは、これまで曲がりなりにも国家が維持してきた社会保障政策、福祉政策、あるいは国家レベルでのセーフティネットなどが弱体化する傾向があることです。また、この種の公的活動を民営化していく動向も見られます。民営化自体が悪いとは言えませんし、確かに民営化によってよくなる場合もありますが、民営化にはそれなりのリスクが伴うことも否定できません。

こうした状況の中で、国家や地方公共団体の責任が軽減されていくことも問題です。国民や住民をリスクから守る責任があいまいになり、自己責任という考え方が強くなります。ここからさらに、リスクへの対処を含めてすべての責任を個人に押しつけるような風潮も近年見られるようになってきました。

脱リスク社会を目指して

こういうリスク社会からどうやって脱出したらいいのか、「脱リスク社会」ということが今、大きな問題になっています。このこと自体、「リスク社会」という考え方が広まったことの功績です。ベックも、「リスク社会も悪いことばかりではない」という意味のことを言っています。つまり、リスク社会では人々がリスクに対して意識的になる、リスクコンシャスになって、それにどう対応したらいいかを考えるようになるわけです。ですから、リスク社会というのは、リスクを意識し、リスクに対応しようとする社会でもあるのです。

個別的には色々な対応、色々な取り組みが行われていますが、地球全体に関わるようなリスクへのグローバルな対応としては、例えば地球温暖化の問題があります。ご存知のように、一九九七年、京都議定書が結ばれましたが、その後、色んな意味で温暖化に対する意識はずいぶん広がり、発展した面があり、言わばグローバルに共有されつつある問題になっていると思います。今年の七月に予定されている洞爺湖サミットでも、温室効果ガス削減に関する国際協力の枠組み、「ポスト京都議定書」の策定が大きな課題となるでしょう。

これまで見てきましたように、現代のリスク社会は大衆消費社会のメカニズムと密接につながっているところがあります。その意味で、脱リスク社会を目指すことは脱大衆消費社会を目指すことでもある。そう考えると、一方では国際的な大きな取り組みも必要ですが、他方では一人ひとりの市民が大衆消費社会の中で形成してきた生活様式をどういうふうに変えていけるか、ということも大切です。一旦慣れてしまった生活様式を意識的に変えていくことは大変難しいと言われていますが、近年の社会調査などでは、「地球環境を守るためなら、いくらか自分の生活水準を落としてもかまわない」という意見の人が増えています。

今、私たちは、「脱リスク社会」＝「脱大衆消費社会」へという、大きな変化の節目に来ています。それが果たして可能かどうか、困難な課題であることは確かですが、リスク社会とはリスクを意識し、リスクに対処しようとする社会なのだ、というところに希望を見出したいと思います。

司会　一〇〇年くらいの単位で「社会の変化・変化の社会」についてご報告いただきました。フォードからGMに覇権が移って、二〇〇七年トヨタが生産台数で世界一になった。GMは一九二七年、フォードを追い抜いてから初めてトップから転落するという、ある意味では象徴的な出来事です。日本のトヨタがトップに立ったから象徴的というのではないんです。つまりキーワードが環境ですね。プリウスという車の売り上げが大きい。ひょっとしたら新しい時代に入って社会が変わってきたのではないか。その中身が今、報告されたことの中に入っているのではないかと思います。

同志社大学ヒューマン・セキュリティ研究センターは何を研究しているか。今の問題なんですね。こういう社会の変化の中で人間の生活がどういうふうに動いていっているか。その中で不安、不安定さ、安全を脅かす要因を取り上げ、私たちが今、どういう社会にいるのかということを自覚したいということですね、そういう狙いでセンターをつくったわけです。その中で個別の問題として大きいのは、例えばテクノロジーの光と影という言い方で触れられていますが、こういう問題は二一世紀の社会を考える上でどうしても避けて通れない問題だと思います。

私は今、一九二〇年代、三〇年代の思想を調べ直していまして、年末に論文を書きましたが、三三年、三四年、三五年くらいに面白い論文が出ています。第一次世界大戦をどう受け止めるかという問題。戦争というと我々はどうしても第二次世界大戦を考えてしまいますが、第一次世界大戦なんですね、圧倒的に大きいのは。三三年にヴァルター・ベンヤミンという人が「経験と貧困」というエッセイを書いて、その中で「新しい貧しさが生まれている。新しい貧しさを生み出しているのはテクノロジーだ」と言っています。それを三三年の時点で第一次世界大戦の問題として掘り下げた短いエッセイです。フランスではジョルジュ・バタイユが「消費の概念」を書いています。それがやはり一九三三年です。多分、一番早く哲学や思想の言語で消費の問題を取り上げたのではないか。アメリカではヴェブレンが一九世紀末に「消費」の問題を取り上げていて非常に早いのですが、ヨーロッパでは三〇年代だと思います。三一年、三二年、三三年あたりが焦点の一つだろうと調べています。そのあたりから今の「リスク社会」論までいって、ひょっとしたら現在その転換点にあるのかもしれないという感じがします。今日の講義は最終回にふさわしい内容ですので四回分の講義のまとめにも当たると思います。感想なり、質問なり、ありましたら。

質問　テクノロジーは確かに影がありまして、リスクをもたらすわけですね。それに対応する時、「脱リスク社会」を目指す方向として二つ考えられると思います。薬でたとえますと、薬の副作用が出る。例えば死ぬような病気だから強い抗ガン剤を飲む。抗ガン剤の影響で胃潰瘍になる。胃潰瘍が怖いから胃潰瘍のための薬を飲む。副作用を抑えるための薬を飲むというバカバカしいことになるわけです。薬を一切使わなくするのも一つの手だと思います。けれどもそうなると死ぬ。大げさに言うのではなく、C型肝炎問題とかエイズの問題があります。なぜそういうことになったか。輸血というテクノロジーがあるからです。あれによるリスクを避けるには二つ方法があって、より血液製剤の質を上げるか、輸血をやめるか。どうなるかを考えると、僕はペシミスティックですが、人間が手にした技術を放棄した例は非常に少ない。自然に戻ることは無理だし、自然に戻ることは必ずしもよくない。ＤＤＴの問題も、確かに禁止されましたが、禁止されることによってアフリカのサハラ砂漠以南地域と東南アジアでマラリアで何百万人が死んだわけです。国連は方針転換しましてＤＤＴを屋内の壁に塗布する。これによってマラリアを抑える効果がある。発ガン性はゼロではないが、きわめて低いと。テクノロジーを一回手にしたら、それがもたらすリスクをテクノロジーで抑えるために新たなテクノロジーを使う。それも万全ではなく、また新しいリスクをもたらす。でもそれもいたちごっこで、リスクを少なくしていくしか仕方がないのではないか。抜本的な対策はないのではないかと、僕は思うんですが、いかがでしょうか。

井上　確かにおっしゃる通り、テクノロジカルな問題に関して根本的な対策はないと思います。テクノロジーを捨ててしまうという選択は明らかに無理ですから、テクノロジーを社会的にコントロールしていくほかないでしょう。テクノロジーの発展の論理だけでいくのではなく、テクノロジーをどういうふうに人間の幸福のために使っていけるかを考えるということ、テクノロジーの社会的コントロールということが、おそらく大事なのではないかと思います。

質問　今、日本も人口が減っている中で、大量生産とか大量消費とか環境の問題も生じていると思いますが、人が減っていけば負荷が減っていく中で「脱リスク社会」を考えていく時、人口減少の点と、どう関係してくるかを教えていただければと思います。

井上　少子化が進んでいる社会と、逆に人口を抑制しようとしている社会があります。例えば中国は一人っ子政策で人口を抑制していますが、日本、韓国、欧米諸国などはむしろ少子化に歯止めをかけようと努力しています。

人口が減少すれば、確かに環境への負荷も減り、「脱リスク社会」に貢献するとも言えますが、減りすぎると経済規模の縮小、社会的活力の減退など、別のリスクが生じます。日本はこのリスクを避けるために少子化に歯止めをかけようとしているわけですが、家族制度の変化とか、女性に対する社会的援助の問題などとも関連して、なかなかうまくいきません。

少子化に限らず、現在のリスク社会の問題というのは、色んな要因が複雑に絡み合っているので、様々な学問領域が協力しないと、捉え切れない。昨年、『リスク学入門』という全五巻のシリーズ（岩波書店）が出版されましたが、これはそういう学際的な方向で編集されています。主として経済学、法律学、社会学の立場からリスク社会の問題が論じられていますが、最終巻では自然科学領域の人も含めて、「科学技術からみたリスク」の問題が扱われています。色んな学問領域が結束してリスク社会に対応しようという動きですね。ヒューマン・セキュリティ研究センターも、様々な学問領域の方が集まっておられますので、その利点を生かしてぜひ頑張っていただきたいと思います。

質問　リスクに技術が関わっているというお話をしていただきましたが、今、これに対処するために日本の国でやっていることを、科学技術政策を通してみますと、「安全・安心のために資する科学技術」が取り上げられています。すなわち、次々と出てくる数ある個々の問題に対処するために科学技術を活用しようとするのです。これによってなすべきことはいっぱいあって、資金がつぎ込まれていますが、冷静に見ると、それは一種のモグラ叩きなのですね。そこでヒューマン・セキュリティ研究センターの私たちが目指し、やろうとしてきたことは、モグラ叩きではなく、アプローチを変えてもっと根底的な取り組み、格好よく言えば哲学的な観点に立って取り組むことでした。したがって、私たちは必ずしも国の政策に合うような、国からこの研究を進めてくださいと援助してもらえるようなことは、採り上げてこなかったのですが、私たちが目指したことも必要ではないか、今後、より重要になるのではないかという気がしております。

井上　まったくその通りだと思います。司会の庭田先生が一九三〇年代初頭の哲学的な思想の話をされましたが、私もリスク社会の現状に対してモグラ叩き的に対応していくだけでは行き詰まるほかないと思います。これは科学技術的なことだけでなく社会的な事柄も含めて、そうだと思います。むしろ、広い視野から何を根本に、どういうふうに考えればいいのか、哲学的あるいは人間学的な視点が、どうしてもこれから必要になってくるのではないかと思います。そのために、色んな学問領域が集まって多元的な観点から考えていくのも、一つの方向だろうと思いますね。

司会　井上先生が最後におっしゃったことが、今日の公開講座のまとめにふさわしい言葉になったのではないかと思います。四回にわたって開催してきました講座のまとめにもなっているのではないかと思います。今日はどうもありがとうございました。

あとがき

この本は、同志社大学ヒューマン・セキュリティ研究センター「公開講座」に基づいて編集されたものである。経緯について簡単に触れると、本研究センターでは発足以来、今年度で五年目を迎えるにあたって、これまでの研究成果を何らかの形で社会に還元すべく、広く誰もが無料で受講できる公開講座を企画し、二〇〇七年一一月から四回にわたって、同志社大学寒梅館において開講した。私たちが心がけたのは、可能な限り、多くの聴衆が聞いてよく理解できるもの、しかも一定のレベルを保ち、高度な内容を盛り込むというものであった。それが実現できたかどうかは受講生の判断に委ねるしかないが、本書はできるだけ忠実に実際の講座の再現に努めたつもりである。したがって、テープから起こした元の原稿には、できるだけ手を入れず、最小限の字句の訂正や図表を補う程度に留めることにした。本書の副題を「同志社大学ヒューマン・セキュリティ研究センター公開講座の記録」とした所以である。

講座の全体のタイトルは、「いま『安全・安心』の意味を捉え直す——人間・社会・自然——」であった。講座は全部で四回にわたって開かれ、時間は毎回二時間である。第一回講座は、「サイエンスと人間」（座長・石黒武彦）と題され、二〇〇七年一一月一七日に行われた。第二回講座は、「社会に潜むリスク」（座長・高野頌）と題され、一二月一日に行われた。第三回講座は、「社会と感情」（座長・山形頼洋）と題され、一二月一五日に行われた。そして、第四回講座は、「子どもの危機・大人の危機」（座長・庭田茂吉）と題され、二〇〇八年の一月一二日に行われた。目次を見ればすぐに分かるように、本書に収録された講座の順番はこれに従った。この点については別の考え方もあるだろうが、先ほど述べたように、この順番が実際の講座を再現するという本書の性格に最もふさわしいと判断した。工夫の余地は残るが、最終的には編著者である私の責任である。

ただし、本書のタイトルは変えた。色々考えたが、ここでは公開講座と書物との違いを考慮に入れ、結局、「不安社会のアナトミー」にした。一読すれば分かるように、内容は多岐にわたっている。しかし、いずれも私たちの現在を問うものであることには変わりはない。もともと公開講座の狙いが「現代」という時代と私たちの「社会」のあり方とを「人間の安全」という観点から照らし出すことにあったとすれば、このタイトルに不足があるわけではない。また、本書の性格上、あまり学術的なスタイルにはこだわらなかった。それゆえ、引用等もなるべく手に入りやすいものを利用し、翻訳書を使用した。また、聴衆の前で話すという制約上、講義内容において、すでに公表されたものと重複する部分があることは否めない。もちろん、自分で書いたり、話したり、公表したものに限られることは言うまでもないことである。

本書には、もう一つ工夫がある。それは「架空の講座」を付け加えたことである。編著者の「現代社会の誕生、あるいは新しい貧困について」という少し長い序文である。これが本書の理解の助けになるか、あるいはかえって混乱をもたらすことになるか、編著者の「不安のアナトミー」を書きたいぐらいのものだが、そんな余裕はもはやない。しかし、これだけは付け加えておきたい。少し長い序文を書きながら、一つの発見があった。それは、キルケゴールの『不安の概念』の出版の年とアメリカで電信が商用化された年が同じ一八四四年であったということである。本文を読めば分かるように、これはマクルーハンに教えられた。本当はこの事実から、すなわちキルケゴールから始めて、『不安社会のアナトミー』を書くべきだったかもしれない。課題としたい。

いちいち名前は挙げないが、講座を受け持っていただいた先生をはじめ、本書が出来上がるまで多くの方の助けがあった。何よりも、講座に熱心に参加された「受講生」の皆さんに、また質疑応答に積極的に加わり、問題点を指摘してくださった皆さんに、この場をお借りして謝意を申し上げる。最後に、今度も編集の労を取っていただいた、萌書房の白石徳浩さんに感謝とお礼を言いたい。本書が多くの読者に恵まれることを願いつつ、筆を置くことにする。

なお、本書は同志社大学ヒューマン・セキュリティ研究センターの研究活動の一環として刊行されるものである。

二〇〇八年二月

庭田　茂吉

吉永和加（よしなが　わか）

現在，岐阜聖徳学園大学教育学部准教授。専門分野：哲学・倫理学。主たる著作『感情から他者へ――生の現象学による共同体論――』（萌書房），『西洋哲学史入門――6つの課題――』（共著：梓出版社），『ポストモダン時代の倫理』（共著：ナカニシヤ出版）など。〔**責任について（第3回）**〕

阪本恭子（さかもと　きょうこ）

現在，ノートルダム清心女子大学専任講師。専門分野：哲学・生命倫理学。主たる著作：『生命倫理と医療倫理』（共著：金芳堂），『はじめて学ぶ西洋思想』（共著：ミネルヴァ書房），『事例でまなぶ・ケアの倫理』（共著：メディカ出版）など。〔**ドイツの「赤ちゃんポスト」に学ぶ（第4回）**〕

井上　俊（いのうえ　しゅん）

現在，甲南女子大学人間科学部教授・大阪大学名誉教授。専門分野：社会学。主たる著作『遊びの社会学』（世界思想社），『悪夢の選択――文明の社会学』（筑摩書房），『自己と他者の社会学』（編著：有斐閣）など。〔**社会の変化・変化の社会（第4回）**〕

▒ **執筆者紹介**（掲載順，＊は編著者）

＊庭田茂吉（にわた　しげよし）

現在，同志社大学文学部教授。専門分野：哲学・倫理学。主たる著作『ミニマ・フィロソフィア』（萌書房），『現象学と見えないもの――ミシェル・アンリの「生の哲学」のために――』（晃洋書房），『〈思考〉の作法――哲学・倫理学はじめの一歩――』（共著：萌書房）など。〔**現代社会の誕生，あるいは新しい貧困について（少し長い序），あとがき**〕

蔵本由紀（くらもと　よしき）

現在，ATR 波動工学研究所招聘研究員。専門分野：非線形科学。主たる著作：『非線形科学』（集英社新書），『新しい自然学：非線形科学の可能性』（岩波書店），『散逸構造とカオス』（共著：岩波書店）など。〔**自然学と現代（第1回）**〕

今井尚生（いまい　なおき）

現在，西南学院大学国際文化学部教授。専門分野：宗教学・物理学。主たる著作：『神と近代日本』（共編：九州大学出版会），『科学時代を生きる宗教』（共著：北樹出版），『科学技術とキリスト教』（共著：新教出版社）など。〔**宗教と科学（第1回）**〕

中谷内一也（なかやち　かずや）

現在，帝塚山大学心理福祉学部教授。専門分野：社会心理学・リスク心理学。主たる著作『リスクのモノサシ』（日本放送出版協会），『ゼロリスク評価の心理学』（ナカニシヤ出版），『環境リスク心理学』（ナカニシヤ出版）など。〔**リスクと向き合う（第2回）**〕

新山陽子（にいやま　ようこ）

現在，京都大学大学院農学研究科教授。専門分野：農業経済学・フードシステム論・食品安全学。主たる著作：『牛肉のフードシステム――欧米と日本の比較分析――』（日本経済評論社），『食品安全システムの実践理論』（編著：昭和堂），『解説　食品トレーサビリティ』（編著：昭和堂）など。〔**食の安全と消費者（第2回）**〕

伊豆藏好美（いずくら　よしみ）

現在，奈良教育大学教育学部准教授。専門分野：哲学・倫理学。主たる著作：『哲学の歴史第5巻　デカルト革命』（共著：中央公論新社），「永遠真理の記憶と想起――ホッブズ vs. デカルト」哲学会編『記憶』（『哲学雑誌』第118号第790号，有斐閣），「ライプニッツと『心身問題』」日本哲学会編『哲学』（第37号，法政大学出版局）など。〔**認め合うことと倫理（第3回）**〕

不安社会のアナトミー
——同志社大学ヒューマン・セキュリティ研究センター公開講座の記録——

2008年3月31日　初版第1刷発行

編著者　庭田茂吉
発行者　白石徳浩
発行所　有限会社　萌《きざす》書房
〒630-1242　奈良市大柳生町3619-1
TEL（0742）93-2234 / FAX 93-2235
[URL] http://www3.kcn.ne.jp/~kizasu-s
振替　00940-7-53629

印刷・製本　共同印刷工業・藤沢製本

ISBN978-4-86065-040-7